CADERNO DE ATIVIDADES 8

Organizadora: Editora Moderna
Obra coletiva concebida, desenvolvida
e produzida pela Editora Moderna.

Editores responsáveis:
Mara Regina Garcia Gay
Willian Raphael Silva

5ª edição

© Editora Moderna, 2018

Elaboração dos originais:

Mara Regina Garcia Gay
Bacharel e licenciada em Matemática pela Pontifícia Universidade Católica de São Paulo.

Willian Raphael Silva
Licenciado em Matemática pela Universidade de São Paulo.
Professor e editor.

Everton José Luciano
Licenciado em Matemática pela Faculdade de Filosofia, Ciências e Letras do Centro Universitário Fundação Santo André.

Cintia Alessandra Valle Burkert Machado
Mestra em Educação, na área de Didática, pela Universidade de São Paulo.

Coordenação editorial: Mara Regina Garcia Gay
Edição de texto: Cintia Alessandra Valle Burkert Machado, Edson Ferreira de Souza
Assistência editorial: Marcos Gasparetto de Oliveira, Paulo César Rodrigues dos Santos
Gerência de *design* e produção gráfica: Sandra Botelho de Carvalho Homma
Coordenação de produção: Everson de Paula, Patricia Costa
Suporte administrativo editorial: Maria de Lourdes Rodrigues
Coordenação de *design* e projetos visuais: Marta Cerqueira Leite
Projeto gráfico e capa: Daniel Messias, Otávio dos Santos
Pesquisa iconográfica para capa: Daniel Messias, Otávio dos Santos, Bruno Tonel
    Fotos: Ratmaner/Shutterstock, Adidas4747/Shutterstock, Maksim Denisenko/Shutterstock, Floral Deco/Shutterstock
Coordenação de arte: Carolina de Oliveira
Edição de arte: Adriana Santana, Ricardo Mittelstaedt
Editoração eletrônica: Grapho Editoração
Coordenação de revisão: Elaine C. del Nero, Maristela S. Carrasco
Revisão: Leandra Trindade, Márcia Leme, Rita de Cássia Pereira, Rita de Cássia Gorgati, Yara Afonso
Coordenação de pesquisa iconográfica: Luciano Baneza Gabarron
Pesquisa iconográfica: Carol Bock
Coordenação de *bureau*: Rubens M. Rodrigues
Tratamento de imagens: Fernando Bertolo, Joel Aparecido, Luiz Carlos Costa, Marina M. Buzzinaro
Pré-impressão: Alexandre Petreca, Everton L. de Oliveira, Marcio H. Kamoto, Vitória Sousa
Coordenação de produção industrial: Wendell Monteiro
Impressão e acabamento: Log&Print Gráfica, Dados Variáveis e Logística S.A.
    Lote: 788076
    Código: 24112714

Dados Internacionais de Catalogação na Publicação (CIP)
(Câmara Brasileira do Livro, SP, Brasil)

Araribá plus : matemática : caderno de atividades / organizadora Editora Moderna ; obra coletiva concebida, desenvolvida e produzida pela Editora Moderna ; editores responsáveis Mara Regina Garcia Gay, Willian Raphael Silva. - - 5. ed. - - São Paulo : Moderna, 2018.

Obra em 4 v. para alunos do 6º ao 9º ano.
Bibliografia.

1. Matemática (Ensino fundamental) I. Gay, Mara Regina Garcia. II. Silva, Willian Raphael.

18-16906   CDD-372.7

Índices para catálogo sistemático:

1. Matemática : Ensino fundamental   372.7

Maria Alice Ferreira – Bibliotecária – CRB – 8 / 7964

ISBN 978-85-16-11271-4 (LA)
ISBN 978-85-16-11272-1 (LP)

Reprodução proibida. Art. 184 do Código Penal e Lei 9.610 de 19 de fevereiro de 1998.
Todos os direitos reservados
EDITORA MODERNA LTDA.
Rua Padre Adelino, 758 – Belenzinho
São Paulo – SP – Brasil – CEP 03303-904
Vendas e Atendimento: Tel. (0_ _11) 2602-5510
Fax (0_ _11) 2790-1501
www.moderna.com.br
2024
Impresso no Brasil

1 3 5 7 9 10 8 6 4 2

Imagem de capa
Usando um aplicativo de celular, é possível realizar um pagamento com cartão virtual.

SUMÁRIO

PARTE 1

RECORDE 7

UNIDADE 1: Potenciação e radiciação 9
1. Recordando alguns conjuntos numéricos, 9
2. A reta numérica, 14
3. Conjunto dos números reais, 15
4. Potência com expoente inteiro, 17
5. Propriedades da potenciação para potências com expoentes inteiros, 20
6. Raiz quadrada, 22
7. Outras raízes, 28
8. Potência com expoente fracionário, 29

UNIDADE 2: Retas e ângulos 30
1. Recordando alguns conceitos, 30
2. Mediatriz e ponto médio de um segmento, 33
3. Traçando retas perpendiculares e retas paralelas com régua e compasso, 35
4. Bissetriz, 36

UNIDADE 3: Congruência de triângulos 37
1. Triângulos, 37
2. Ângulos nos triângulos, 38
3. Pontos notáveis de um triângulo, 41
4. Congruência, 45
5. Triângulos isósceles e equiláteros, 47

PROGRAMA DE RESOLUÇÃO DE PROBLEMAS 52

PARTE 2

RECORDE 55

UNIDADE 4: Quadriláteros 57
1. Elementos de um quadrilátero, 57
2. Quadriláteros notáveis, 63
3. Propriedades dos paralelogramos, 63
4. Propriedades dos trapézios, 68

UNIDADE 5: Polígonos 75
1. Polígonos e seus elementos, 75
2. Número de diagonais de um polígono, 76
3. Ângulos de um polígono convexo, 78
4. Polígono regular, 81

UNIDADE 6: Área e volume 85
1. Superfícies, 85
2. Cálculo de área de figuras planas, 86
3. Cálculo aproximado de áreas, 88
4. Área de regiões circulares, 90
5. Volume e capacidade, 91

PROGRAMA DE RESOLUÇÃO DE PROBLEMAS 92

PARTE 3

RECORDE 95

UNIDADE 7: Cálculo algébrico 96
1. Expressões algébricas, 96
2. Monômio, 100
3. Operações com monômios, 103
4. Polinômio, 112
5. Adição algébrica de polinômios, 115
6. Multiplicação de polinômios, 119
7. Divisão de polinômios, 123

UNIDADE 8: Problemas de contagem 127
1. Princípio multiplicativo ou princípio fundamental da contagem, 127
2. Problemas que envolvem o princípio fundamental da contagem, 129

UNIDADE 9: Frações algébricas 130
1. Frações algébricas, 130
2. Adição e subtração com frações algébricas, 134
3. Multiplicação e divisão com frações algébricas, 139

PROGRAMA DE RESOLUÇÃO DE PROBLEMAS 142

PARTE 4

RECORDE 144

UNIDADE 10: Equações e sistemas de equações 146
1. Equação fracionária com uma incógnita, 146
2. Equação literal do 1º grau, 150
3. Equação do 1º grau com duas incógnitas, 154
4. Sistemas de duas equações do 1º grau com duas incógnitas, 159
5. Introdução às equações do 2º grau, 167

UNIDADE 11: Proporcionalidade entre grandezas 168
1. Grandezas diretamente e inversamente proporcionais, 168
2. Situações em que não há proporcionalidade, 169
3. Representação no plano cartesiano da relação entre grandezas, 170

UNIDADE 12: Transformações geométricas 171
1. Reflexão em relação a uma reta, 171
2. Reflexão em relação a um ponto, 172
3. Translação, 172
4. Rotação, 173

PROGRAMA DE RESOLUÇÃO DE PROBLEMAS 174

CONHEÇA O SEU CADERNO DE ATIVIDADES

Este caderno foi produzido com o objetivo de ajudá-lo a compreender melhor os conteúdos estudados nas unidades do seu livro de Matemática. As atividades aqui propostas exploram a compreensão de alguns conceitos e incentivam a prática de alguns procedimentos.

RECORDE
Esta seção apresenta um resumo dos principais conceitos e procedimentos estudados em cada Parte.

Para cada tema estudado no livro há uma seção de atividades para enriquecer ainda mais seu aprendizado.

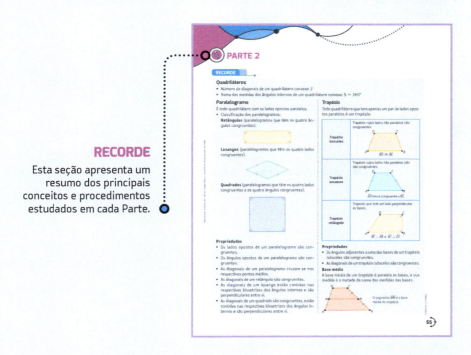

PROGRAMA DE RESOLUÇÃO DE PROBLEMAS

Esta seção tem o objetivo de apresentar diversas estratégias para resolver um problema e de proporcionar a reflexão a respeito de cada etapa da resolução e sobre a resposta encontrada.

Desse modo, você aprende a ler, a interpretar e a organizar os dados de diversos problemas e enriquece seu repertório de estratégias para a resolução deles.

Este programa é desenvolvido em duas etapas: *Estratégia para conhecer* e *Problemas para resolver*.

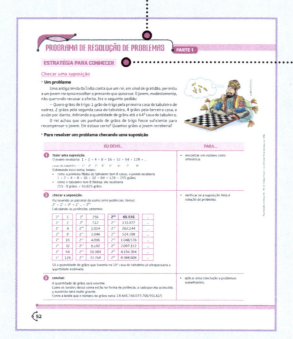

Em *Estratégia para conhecer*, é demonstrada passo a passo a estratégia de resolução de um problema, o que lhe possibilitará solucionar os problemas sugeridos na próxima etapa.

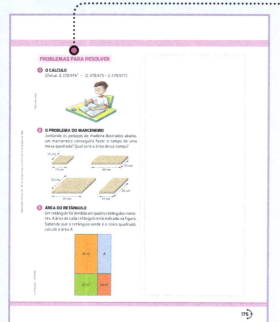

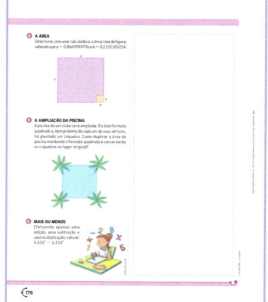

A etapa *Problemas para resolver* apresenta uma série de problemas em que você poderá aplicar as estratégias conhecidas na etapa anterior.

PARTE 1

RECORDE

Números

- Conjunto dos números naturais
  $\mathbb{N} = \{0, 1, 2, 3, 4, 5, ...\}$

- Conjunto dos números inteiros
  $\mathbb{Z} = \{..., -3, -2, -1, 0, 1, 2, 3, 4, 5, ...\}$

- Conjunto dos números racionais
  $\mathbb{Q} = \left\{\dfrac{a}{b} \mid a \in \mathbb{Z}, b \in \mathbb{Z}, b \neq 0\right\}$

- Conjunto dos números reais
  $\mathbb{R}$ é o conjunto que reúne todos os números racionais e todos os números irracionais.

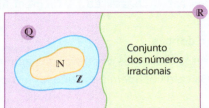

Potenciação de base real e expoente inteiro

Análise da potenciação segundo os expoentes

- **Expoente inteiro maior que 1**
  Qualquer potência de base real e expoente inteiro maior que 1 é o produto dessa base por si mesma tantas vezes quantas indicar o expoente:
  $$a^n = \underbrace{a \cdot a \cdot ... \cdot a}_{n \text{ fatores}}$$

- **Expoente 1**
  Qualquer potência de base real e expoente 1 é igual à própria base: $a^1 = a$

- **Expoente zero**
  Qualquer potência de base real não nula e expoente zero é igual a 1: $a^0 = 1$

- **Expoente inteiro negativo**
  Qualquer potência de base real não nula e expoente inteiro negativo é igual ao inverso da base original elevado ao oposto do expoente original:
  $$a^{-n} = \dfrac{1}{a^n} = \left(\dfrac{1}{a}\right)^n$$

Propriedades da potenciação

Considerando que as bases a e b são números reais positivos e os expoentes m e n números inteiros, temos:

- Produto de potências de mesma base
  $a^m \cdot a^n = a^{m+n}$
- Quociente de potências de mesma base
  $a^m : a^n = a^{m-n}$, com $a \neq 0$
- Produto de potências de mesmo expoente
  $a^m \cdot b^m = (a \cdot b)^m$
- Quociente de potências de mesmo expoente
  $a^m : b^m = (a : b)^m$, com $b \neq 0$
- Potência de potência
  $(a^m)^n = a^{m \cdot n}$

Raiz quadrada

- A raiz quadrada de um número racional não negativo x é igual a um número não negativo que, elevado ao quadrado, resulta em x.

Retas coplanares

- São denominadas retas coplanares aquelas que estão em um mesmo plano.

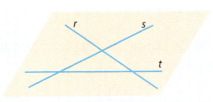

As retas r, s e t são coplanares.

Posição relativa de duas retas no plano

- **Retas paralelas**

  Quando as retas não se cruzam, ou seja, não têm ponto em comum.

- **Retas concorrentes**

  Quando as retas se cruzam em um único ponto, ou seja, possuem apenas um ponto em comum.

- **Retas perpendiculares**

  Quando duas retas concorrentes formam ângulos retos entre si.

- **Retas coincidentes**

  Quando as retas têm todos os pontos em comum, nesse caso, duas retas ocupam o mesmo lugar no plano.

Ângulos

Ângulo é a união de duas semirretas de mesma origem em um plano com duas regiões determinadas por elas.

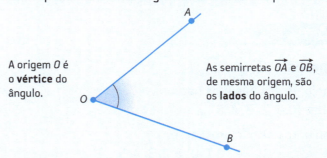

A origem O é o **vértice** do ângulo.

As semirretas $\vec{OA}$ e $\vec{OB}$, de mesma origem, são os **lados** do ângulo.

Indicamos esse ângulo por $A\widehat{O}B$ ou $B\widehat{O}A$ ou, simplesmente, $\widehat{O}$.

Ponto médio de um segmento

O ponto médio de um segmento é o ponto que divide esse segmento em dois segmentos congruentes.

Triângulos

- As **medianas** de um triângulo são segmentos que têm uma extremidade em um dos vértices e a outra extremidade no ponto médio do lado oposto ao vértice. O encontro das medianas é o ponto denominado baricentro (G).

- As **alturas** de um triângulo são os segmentos que têm uma extremidade em um dos vértices do triângulo e a outra extremidade na reta suporte do lado oposto ao vértice, formando um ângulo de 90° com esse lado.

  O encontro das alturas é o ponto denominado ortocentro (H).

- As **bissetrizes** de um triângulo são os segmentos que dividem os seus ângulos internos em dois ângulos congruentes e têm uma extremidade em um dos vértices do triângulo e a outra no lado oposto a esse vértice.

  O encontro das bissetrizes é o ponto denominado incentro (I).

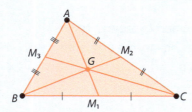
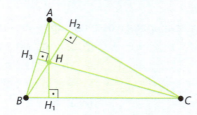
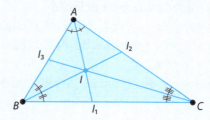

- $\overline{AM_1}$ é a mediana relativa ao lado $\overline{BC}$.
- $\overline{BM_2}$ é a mediana relativa ao lado $\overline{AC}$.
- $\overline{CM_3}$ é a mediana relativa ao lado $\overline{AB}$.

- $\overline{AH_1}$ é a altura relativa ao lado $\overline{BC}$.
- $\overline{BH_2}$ é a altura relativa ao lado $\overline{AC}$.
- $\overline{CH_3}$ é a altura relativa ao lado $\overline{AB}$.

- $\overline{AI_1}$ é a bissetriz relativa ao ângulo $B\widehat{A}C$.
- $\overline{BI_2}$ é a bissetriz relativa ao ângulo $A\widehat{B}C$.
- $\overline{CI_3}$ é a bissetriz relativa ao ângulo $A\widehat{C}B$.

Casos de congruência de triângulos

- lado-ângulo-lado (LAL)
- lado-lado-lado (LLL)
- ângulo-lado-ângulo (ALA)
- lado-ângulo-ângulo oposto (LAAp)
- triângulo retângulo: hipotenusa-cateto (HC)

UNIDADE 1 Potenciação e radiciação

1. Recordando alguns conjuntos numéricos

1. Identifique na lista os números naturais.

a) 1   d) 0,5   g) 33   j) 12.199

b) 15   e) $\frac{5}{7}$ h) $\sqrt{5}$ k) 45,7

c) 1,3   f) 127   i) 1.218   l) 31,98

2. Considere *x* um número inteiro e complete o quadro.

x	Oposto de x	Sucessor de x	Antecessor de x
2			
	−15		
		158	
			−4
−21			
	−348		
		25.390	
−n			−n − 1

3. Analise cada sequência e complete-a com os números (ou expressões) adequados(as).

a) 0, 1, 2, 3, 4, _____ , _____ , _____

b) 1, 3, 5, 7, 9, _____ , _____ , _____

c) 2, 4, 6, 8, 10, _____ , _____ , _____

d) 3, 7, 11, 15, 19, _____ , _____ , _____

e) 21, 32, 43, 54, 65, _____ , _____ , _____

f) 47, _____ , 53, _____ , 59, _____ , 65

g) _____ , 91, _____ , 71, _____ , 51

h) −74, −49, _____ , 1, _____ , _____

i) 198, _____ , 88, _____ , −22, _____

j) _____ , n − 1, _____ , n + 1, _____

4. Descubra os números.

   a) A soma de três números naturais consecutivos é 3.996. Quais são esses números?

   b) A soma de três números ímpares consecutivos é 147. Quais são esses números?

   c) A soma de três números pares consecutivos é 300. Quais são esses números?

5. As idades de três primos, Bernardo, Rafaela e Sérgio, são, respectivamente, três números consecutivos. Sabendo que a soma das idades é igual a 90, qual é a idade de cada um dos primos?

6. Nestor pensou em um número inteiro. Depois, escreveu o seu antecessor e o seu sucessor em um papel. Em seguida, somou esses três números e o resultado encontrado foi 180. Em que número Nestor pensou?

7. Escreva os números na forma fracionária.

a) 0,5

b) 3,5

c) 1,6

d) −0,8

e) −2,4

f) 3,25

g) −1,4

h) 18,75

i) −1,2

j) 1,125

k) 1,75

l) −0,25

8. Escreva os números racionais na forma decimal.

a) $-\dfrac{14}{19}$

b) $1\dfrac{4}{5}$

c) $\dfrac{112}{100}$

d) $\dfrac{7}{3}$

e) $-\dfrac{8}{11}$

f) $-3\dfrac{2}{3}$

g) $\dfrac{1.230}{300}$

h) $-\dfrac{11}{6}$

9. Encontre a fração geratriz das dízimas periódicas a seguir.

a) 0,222...

b) 0,999...

c) 0,1414...

d) 3,666...

e) 0,58333...

f) 1,2444...

10. Observe como Sílvia coloriu uma malha quadriculada.

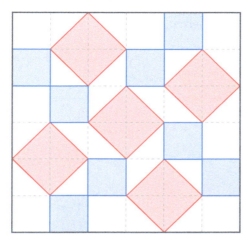

a) Escreva um número racional na forma fracionária que relaciona a parte colorida por Sílvia com toda a malha quadriculada.

b) Qual é a razão entre a área da parte colorida de azul e toda a malha quadriculada?

c) Escreva na forma decimal os números que você encontrou nos itens **a** e **b**.

2. A reta numérica

1. Construa uma reta numérica e localize nela os números.

| −0,5 | 5,5 | 1 | 4 | −5,5 | −3 | 2,5 | −7 |

2. Classifique as afirmações em V (verdadeira) ou F (falsa).

a) Os números −3 e 4 estão localizados numa reta numérica entre os números −5 e 8. ☐

b) Os números 1 e 7 estão localizados numa reta numérica entre os números 0 e 9. ☐

c) Os números $-\frac{1}{5}$ e $\frac{2}{3}$ estão localizados numa reta numérica entre os números −0,4 e 0,5. ☐

d) Entre os números 0,15 e 0,20 de uma reta numérica, existem exatamente oito números racionais. ☐

e) Numa reta numérica, existe um número inteiro entre 27 e 29. ☐

f) Numa reta numérica o número $-\frac{9}{4}$ está entre os números −1,25 e −1,35. ☐

g) Numa reta numérica podem ser localizados números naturais, inteiros e racionais. ☐

3. A professora de Matemática dividiu uma turma de 8º ano em grupos. Cada grupo deveria escolher um número para colocá-lo na reta real. Observe os números escolhidos por um desses grupos.

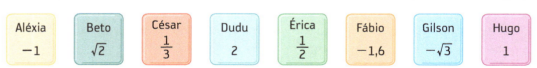

| Aléxia | Beto | César | Dudu | Érica | Fábio | Gilson | Hugo |
| −1 | $\sqrt{2}$ | $\frac{1}{3}$ | 2 | $\frac{1}{2}$ | −1,6 | $-\sqrt{3}$ | 1 |

a) Quais dos números escolhidos pertencem ao conjunto dos números:

• naturais? _____

• inteiros? _____

• irracionais? _____

b) Localize os números em uma reta numérica. Quem escolheu um número mais próximo de zero?

4. Os pontos A e B correspondem a números racionais na reta numérica a seguir.

Encontre os valores atribuídos a A e B conforme suas posições na reta numérica.

3. Conjunto dos números reais

1. Observe os números e responda às questões.

a) Quais números pertencem ao conjunto dos números naturais?

b) Quais números pertencem ao conjunto dos números inteiros?

c) Quais números são irracionais?

d) Quais números são racionais?

2. No texto, são apresentados diversos números. Identifique os conjuntos a que eles pertencem.
Paulo saiu de casa às 11 h para ir ao supermercado. Chegando lá, comprou 1 kg de arroz, 0,5 kg de feijão, 0,2 kg de margarina e 5 potes de iogurte. Ele tinha R$ 58,00 em dinheiro, e o valor total das compras foi R$ 51,35.

3. Ajude Bianca a preencher o quadrado mágico, de modo que a soma dos números das linhas, colunas e diagonais seja sempre igual a 24 unidades.

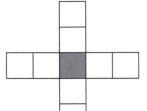

4. (Obmep) Paulo quer escrever os números de 1 a 9 nos quadradinhos da figura, sem repetir nenhum deles, de modo que a soma dos cinco números na horizontal seja 27 e a soma dos cinco números na vertical seja 22. Que número ele deve escrever no quadradinho cinza?
- a) 3
- b) 4
- c) 5
- d) 6
- e) 7

5. Responda às questões a seguir.

a) O número $\sqrt{4}$ é um número racional? _____

b) O número 0,45123687 é um número irracional? _____

c) O número $\sqrt{144}$ é um número real? _____

d) O número $\sqrt{-36}$ é um número real? _____

e) O número 3,145145145... é um número irracional? _____

f) O número $2\sqrt{2}$ é um número real? _____

g) O número 0,2 é um número racional? _____

h) O número $\frac{3}{5}$ é um número racional? _____

i) O número −20 é um número real? _____

j) O número 1.350 é um número irracional? _____

6. Um grupo de amigos estava estudando para uma avaliação de Matemática. Observe o que cada um deles entendeu sobre o conteúdo de conjuntos numéricos.

> Augusto: "Todo número real é também um número racional, pois pode ser escrito na forma fracionária.".
>
> Soraia: "A raiz quadrada de 121 é um número natural primo.".
>
> Douglas: "Todo número irracional é também um número real.".
>
> Isabela: "O resultado de $\frac{2}{5}$ é uma dízima periódica e, portanto, pertence ao conjunto dos números racionais.".

a) Verifique quem entendeu corretamente o conteúdo de conjuntos numéricos, analisando cada uma das afirmações feitas pelos amigos.

b) Caso algum amigo não tenha compreendido o conteúdo, ajude-o explicando o equívoco ocorrido na afirmação.

4. Potência com expoente inteiro

1. Classifique cada sentença em verdadeira (V) ou falsa (F).
   a) Qualquer potência de base real e expoente 1 é igual à própria base. ☐
   b) Qualquer potência de base real não nula e expoente zero é igual à própria base. ☐
   c) Qualquer potência de base real e expoente inteiro maior que 1 é o produto dessa base por si mesma tantas vezes quantas indicar o expoente. ☐
   d) Qualquer potência de base real não nula e expoente inteiro negativo é igual ao inverso da base original elevado ao oposto do expoente original. ☐
   e) Para obter o produto de duas potências de mesma base real, conserva-se a base e adicionam-se os expoentes. ☐
   f) Para obter o quociente de duas potências de mesma base real não nula, mantém-se essa base e dividem-se os expoentes. ☐
   g) Para obter o produto de duas potências de bases reais e de mesmo expoente, multiplicam-se as bases e mantém-se o expoente. ☐
   h) Para obter o quociente de duas potências de bases reais de mesmo expoente, dividem-se as bases e subtraem-se os expoentes. ☐
   i) Para calcular uma potência elevada a certo expoente, mantém-se a base e multiplicam-se os expoentes. ☐

2. Calcule as potências reais.

a) $(2{,}15)^2$

b) $(-5)^3$

c) $\left(\dfrac{4}{3}\right)^3$

d) $(\sqrt{4})^4$

e) $(\sqrt{144})^0$

f) $\left(\dfrac{\sqrt{3}}{6}\right)^2$

g) $(\sqrt{16})^4$

h) $(0{,}35)^0$

i) $\left(\dfrac{3}{7}\right)^1$

j) $(0{,}67)^3$

3. Um grupo de amigos escolheu um número cada um e o marcou em fichas, como mostrado.

Sandra	Tuca	Vilma	Zeca
$(-2)^4$	12^1	$\left(\dfrac{2}{3}\right)^3$	$(-3)^5$

a) Quem escolheu o menor número? E o maior?

_____

_____

_____

_____

_____

_____

b) Quem escolheu um número maior que 1?

_____

_____

4. Décio tem 7 chácaras. Cada chácara tem 7 galinhas. Cada galinha botou 7 ovos.
  a) Escreva uma potência para representar o total de ovos da situação.

  b) Qual é o total de ovos?

5. Um casal teve 2 filhos. Cada filho deu ao casal 2 netos. Cada neto lhe deu 2 bisnetos. Quantos são os bisnetos do casal?

6. Otávio é dono de 4 pizzarias com 4 *pizzaiolos* em cada uma. Cada *pizzaiolo* prepara em dez minutos, em média, 4 *pizzas* com 4 azeitonas cada uma. Otávio calculou que precisa de 5 potes com 50 azeitonas cada um para cada dez minutos de funcionamento das pizzarias. Verifique se esse cálculo está correto.

7. Certa manhã, 3 caçadores saíram para a floresta, levando consigo, cada um, 3 cães. Cada cão caçou 3 lebres, que, por sua vez, haviam caçado 3 ratos cada uma. Cada rato já havia caçado 3 besouros.

a) Escreva uma potência para representar a quantidade total de besouros caçados nessa situação.

b) Qual é a quantidade total de besouros caçados?

5. Propriedades da potenciação para potências com expoentes inteiros

1. Usando as propriedades, simplifique as expressões.

a) $0{,}2^4 \cdot 0{,}2^4$

d) $\left(\sqrt{4}\right)^3 \cdot \left(\sqrt{4}\right)^2$

b) $\left[\left(\dfrac{4}{3}\right)^2\right]^3$

e) $\left(\dfrac{8}{3}\right)^2 : \left(\dfrac{8}{3}\right)^{-5}$

c) $(-3)^6 : (-3)^4$

f) $(\pi)^3 : (\pi)^3$

g) $(2\sqrt{2})^2 \cdot (2\sqrt{2})^3$

h) $(-3,5)^4 \cdot (-3,5)^{-2}$

i) $[(3\pi)^5]^2$

j) $4^2 : 4^2$

k) $0,2^3 \cdot 0,2^3$

l) $\left[\left(\dfrac{5}{2}\right)^7\right]^2$

m) $n^{12} : n^5$

n) $w^8 : w^2$

2. (Etec-SP) Os microprocessadores usam o sistema binário de numeração para tratamento de dados.
- No sistema binário, cada dígito (0 ou 1) denomina-se *bit* (*binary digit*).
- *Bit* é a unidade básica para armazenar dados na memória do computador.
- Cada sequência de 8 *bits*, chamada de *byte* (*binary term*), corresponde a um determinado caractere.
- Um *quilobyte* (Kb) corresponde a 2^{10} *bytes*.
- Um *megabyte* (Mb) corresponde a 2^{10} Kb.
- Um *gigabyte* (Gb) corresponde a 2^{10} Mb.
- Um *terabyte* (Tb) corresponde a 2^{10} Gb.

Atualmente, existem microcomputadores que permitem guardar 160 Gb de dados binários, isto é, são capazes de armazenar *n* caracteres. Nesse caso, o valor máximo de *n* é

a) $160 \cdot 2^{20}$
b) $160 \cdot 2^{30}$
c) $160 \cdot 2^{40}$
d) $160 \cdot 2^{50}$
e) $160 \cdot 2^{60}$

6. Raiz quadrada

1. Calcule as expressões quando possível.

a) $\sqrt{81}$

b) $\sqrt{36}$

c) $\sqrt{-25}$

d) $-\sqrt{25}$

e) $\sqrt{\dfrac{16}{144}}$

f) $\sqrt{\dfrac{100}{25}}$

g) $-\sqrt{\dfrac{49}{121}}$

h) $\sqrt{0,25}$

2. Considerando as áreas indicadas, determine a medida do lado de cada quadrado.

a) $A = 81$

b) $A = 361$

c) $A = 60,84$

d) $A = \dfrac{324}{100}$

3. Joana está reformando sua casa e comprou algumas peças de revestimento quadradas, compostas de pastilhas também quadradas, como mostra a figura. A área de cada peça é 125 cm².

Qual é a medida do lado de cada pastilha que compõe a peça?

4. Jussara comprou um caderno de desenho e quer encapá-lo com plástico adesivo. Sabendo que o caderno tem capas quadradas e que o lado de cada capa mede 14,5 cm, quantos centímetros quadrados de plástico adesivo Jussara usará para encapar o caderno?

5. (Obmep) Uma folha quadrada foi cortada em quadrados menores da seguinte maneira: um quadrado de área 16 cm², cinco quadrados de área 4 cm² cada um e treze quadrados de área 1 cm² cada um. Qual era a medida do lado da folha, antes de ela ser cortada?
a) 3 cm
b) 4 cm
c) 5 cm
d) 7 cm
e) 8 cm

6. Priscila e Raquel fizeram as figuras a seguir.

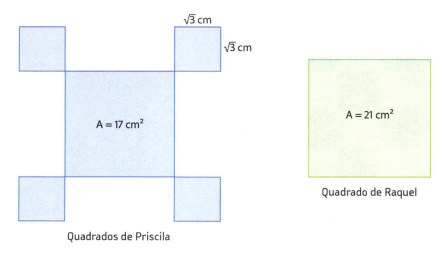

Quadrados de Priscila

Quadrado de Raquel

a) Qual é a medida do lado do quadrado maior desenhado por Priscila?

b) Qual é a medida do lado do quadrado de Raquel?

c) Qual é a área total da figura de Priscila?

7. Calcule a raiz quadrada aproximada por falta, a menos de uma unidade, de:
a) 30
b) 50

c) 18

f) 405

d) 110

g) 680

e) 228

h) 970

8. Determine a raiz quadrada exata.

a) $\sqrt{\dfrac{100}{196}}$

c) $\sqrt{\dfrac{18}{32}}$

b) $\sqrt{18,49}$

d) $\sqrt{\dfrac{320}{80}}$

9. Fatore e calcule a raiz quadrada dos números a seguir.
(Considere: $\sqrt{3} \simeq 1,7$; $\sqrt{5} \simeq 2,2$; $\sqrt{10} \simeq 3,2$; $\sqrt{30} \simeq 5,5$.)

a) 120

b) 640

c) 180

e) 720

d) 300

f) 1.500

10. Responda.

a) Qual é o número real cuja raiz quadrada é igual a 0,6?

b) Qual é o número real cuja raiz quadrada é igual a 0,9?

c) Qual é o número real cuja raiz quadrada é igual a 1,44?

11. Determine qual dos retângulos tem maior área.

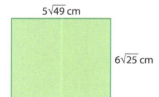
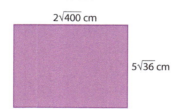

12. Daniela comprou uma capa plástica para colocar no livro didático que recebeu da escola. Sabe-se que o livro tem formato retangular, com $2\sqrt{81}$ cm de comprimento e $5\sqrt{25}$ cm de largura, e que a capa plástica tem $\sqrt{225}$ cm de comprimento e $\sqrt{400}$ cm de largura. Daniela conseguiu colocar essa capa no livro? Justifique sua resposta.

13. Ana e Brenda desenharam retângulos no quadro e marcaram neles as medidas de seus lados, como mostra a figura a seguir.

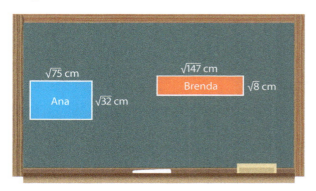

Que retângulo tem a maior área?
(Considere: $\sqrt{2} \simeq 1,4$ e $\sqrt{3} \simeq 1,7$.)

7. Outras raízes

1. Calcule:

a) $\sqrt[3]{\dfrac{1}{216}}$

b) $\sqrt[4]{4096}$

c) $\sqrt[5]{-\dfrac{1}{243}}$

d) $\sqrt[3]{-0,001}$

2. Entre quais números naturais consecutivos está o resultado de $\sqrt{40}$? Justifique sua resposta.

3. Assinale apenas as afirmações verdadeiras.

☐ $\sqrt{-36} = -6$, pois $6^2 = 36$

☐ $-\sqrt{36} = -6$, pois $6^2 = 36$ e $6 > 0$

☐ $\sqrt[3]{-81} = -3$, pois $(-3)^3 = -81$

☐ $-\sqrt[3]{81} = 3$, pois $3^3 = 81$ e $3 > 0$

4. Considere $\sqrt{x^2}$ e encontre um valor de x para cada caso:

a) $\sqrt{x^2}$ é um número natural

b) $\sqrt{x^2}$ é um número racional, não natural

c) $\sqrt{x^2}$ é um número negativo

8. Potência com expoente fracionário

1. Escreva cada potência na forma de radical.

a) $0,3^{\frac{2}{3}}$

b) $\left(\dfrac{2}{5}\right)^{0,5}$

c) $12^{\frac{1}{5}}$

d) $1,8^{0,2}$

2. Calcule:

a) $243^{\frac{1}{5}}$

b) $343^{\frac{1}{3}}$

c) $0,0000000001^{0,1}$

d) $\left(\dfrac{9}{25}\right)^{0,5}$

3. Encontre, em cada caso, o valor de x:

a) $x^3 = \dfrac{1}{64}$

b) $x^{\frac{1}{3}} = 6$

UNIDADE 2 Retas e ângulos

1. Recordando alguns conceitos

1. Classifique as afirmações em V (verdadeira) ou F (falsa).

a) Os pontos não têm dimensões. Eles estão presentes em todas as figuras geométricas. ☐

b) As retas não têm espessura e são ilimitadas nos dois sentidos; por isso, para representar uma reta, desenhamos apenas parte dela. ☐

c) Os planos não têm espessura e são ilimitados em todas as direções; por isso, para representar um plano, desenhamos apenas parte dele. ☐

d) Por um ponto pertencente a um plano passam apenas duas retas. ☐

e) Podemos traçar duas retas por dois pontos pertencentes a um mesmo plano. ☐

f) Podemos traçar várias retas por três pontos distintos pertencentes a um mesmo plano, independentemente de estarem alinhados. ☐

2. Trace uma reta passando pelos pontos, A e B, de um plano α.

3. Trace várias retas passando por um mesmo ponto P num plano α.

4. Trace uma única reta passando por três pontos, P, Q e R, num plano α.

5. Complete corretamente cada frase.

a) Retas coplanares estão contidas em um _____.

b) Retas paralelas _____.

c) _____ se cruzam em um único ponto.

d) _____ têm todos os pontos em comum.

e) Quando duas retas concorrentes formam ângulos retos entre si, elas são denominadas _____.

6. Classifique as retas contidas nos planos abaixo em retas coincidentes, retas concorrentes ou retas paralelas.

a)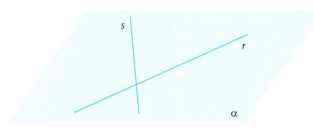
_____

c)
_____

b)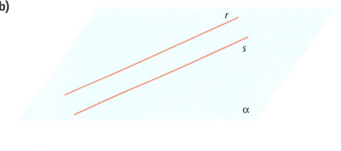
_____

7. Identifique a sentença falsa.
   a) Dois segmentos de reta, $\overline{AB}$ e $\overline{CD}$, com a mesma medida são chamados segmentos congruentes.
   b) Dois segmentos de reta com uma mesma extremidade são chamados segmentos consecutivos.
   c) Dois segmentos que estão em uma mesma reta são denominados segmentos colineares.
   d) O ponto médio de um segmento divide-o em dois segmentos congruentes.
   e) Dois segmentos nunca podem ser, simultaneamente, colineares e consecutivos.

8. Observe a figura e responda às questões.

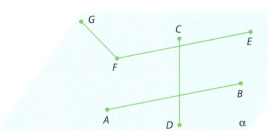

a) Que segmentos de reta são paralelos? _____

b) Que segmentos de reta são concorrentes? _____

c) Que segmentos de reta são consecutivos? _____

9. Use uma régua e meça os segmentos. Depois, identifique os congruentes.

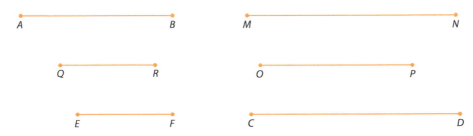

10. Dados os pontos A, B, C e D abaixo, trace todas as semirretas que se originam em A e passam por pelo menos um dos outros pontos.

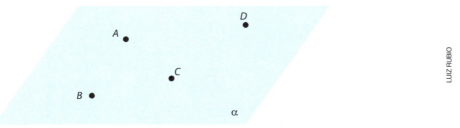

11. Desenhe:

a) duas retas, *a* e *b*, contidas num mesmo plano tais que tenham todos os pontos em comum.

b) duas retas, *c* e *d*, contidas num mesmo plano tais que se cruzem em um único ponto e sejam perpendiculares.

12. A figura abaixo apresenta um jogo de sinuca, do qual participam três jogadores.

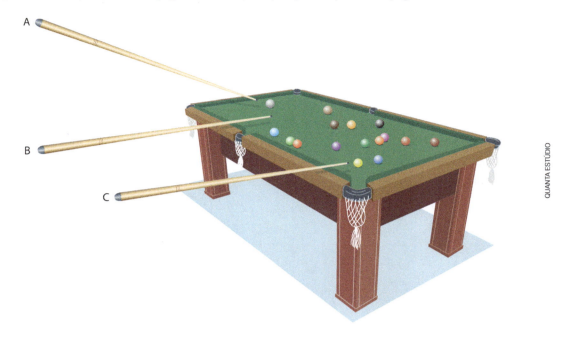

Considere que cada taco representa parte de uma reta.

a) Qual é a posição relativa das retas representadas pelos tacos A e B?

_____

b) Qual é a posição relativa entre as retas representadas pelos tacos B e C?

_____

2. Mediatriz e ponto médio de um segmento

1. Trace um segmento $\overline{PQ}$ de 7 cm e, depois, localize o ponto médio M de $\overline{PQ}$ e o ponto médio N de $\overline{MQ}$.

2. Observe a representação de um bairro da cidade Azul.

Sabe-se que:
- a distância entre a casa e o ponto de táxi é de 51 m;
- o ponto de táxi é equidistante da casa e da igreja;
- a igreja é equidistante do ponto de táxi e da agência do correio;
- a distância entre a agência do correio e o lago é igual ao triplo da distância entre a igreja e a agência do correio;
- a distância entre a casa e o lago é igual ao dobro da distância entre a casa e a igreja, passando pelo ponto de táxi.

Com base nessas informações, calcule a distância entre:
- a igreja e a agência do correio;
- a agência do correio e o lago;
- a casa e o lago.

3. A figura retrata parte de uma sala de aula, em que os alunos se encontram sentados nas cadeiras, dispostos em filas.

André   Bia   Carla   Dudu   Fani

Sabe-se que:
- a distância entre as mesas de André e Bia é de 60 cm;
- a mesa de Bia é considerada ponto médio entre as mesas de André e Carla;
- a distância entre Dudu e Bia é de 135 cm;
- a mesa de Dudu é considerada ponto médio entre as mesas de Carla e Fani.

Considere as mesas pontos sobre uma reta e despreze as larguras delas.

André   Bia   Carla   Dudu   Fani

a) Qual é a distância entre Carla e Dudu?

b) Qual é a distância entre André e Dudu?

c) Qual é a distância entre André e Fani?

3. Traçando retas perpendiculares e retas paralelas com régua e compasso

1. Com uma régua e um compasso, trace uma reta perpendicular à reta *r* que passe pelo ponto *C*.

2. Construa, com uma régua e um compasso, um ângulo de 45° e explique o passo a passo dessa construção.

4. Bissetriz

1. Em qual das alternativas seguintes, $\overrightarrow{OB}$ **não** é bissetriz de $A\hat{O}C$?

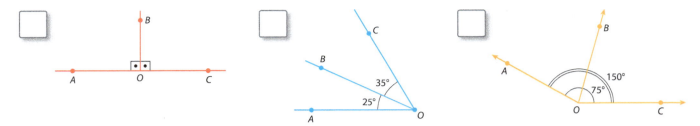

2. Encontre o valor de x, em cada caso, sabendo que $\overrightarrow{OB}$ é bissetriz de $A\hat{O}C$.

a)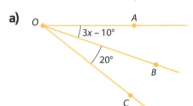

b)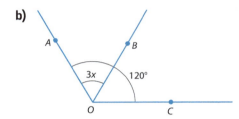

3. Na figura seguinte, temos que o ângulo $X\hat{O}Y$ mede 84°, $\overrightarrow{OW}$ é bissetriz de $X\hat{O}Y$ e $\overrightarrow{OZ}$ é bissetriz de $X\hat{O}W$.

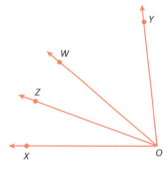

Nessas condições, qual é a medida de $Z\hat{O}Y$?

4. Na figura a seguir, $\overrightarrow{OR}$ é bissetriz do ângulo $Q\hat{O}N$. Encontre a medida do ângulo $Q\hat{O}P$, sabendo que o ângulo $M\hat{O}N$ é raso.

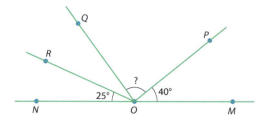

UNIDADE 3 Congruência de triângulos

1. Triângulos

1. Qual é a condição de existência de um triângulo?

_____

_____

_____

2. Entre as medidas de segmentos a seguir, identifique as que permitem construir um triângulo.
  a) 18 cm, 9 cm, 9 cm
  b) 7 cm, 9 cm, 13 cm
  c) 9 cm, 6 cm, 3 cm
  d) 3 cm, 4 cm, 5 cm

3. Descreva cada triângulo, completando os quadros abaixo.

Classificação quanto aos lados	Quantidade de lados de medidas iguais
Equilátero	
Isósceles	
Escaleno	

Classificação quanto aos ângulos	Descrição dos ângulos internos
Acutângulo	
Obtusângulo	
Retângulo	

4. Classifique os triângulos a seguir quanto aos lados e quanto aos ângulos.

a)
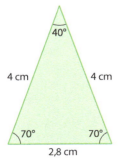

b)
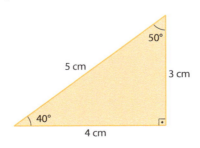

c)
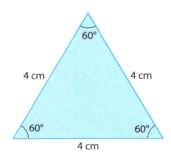

_____   _____   _____

_____   _____   _____

2. Ângulos nos triângulos

1. Escreva a relação existente entre as medidas dos ângulos $\hat{a}$, $\hat{b}$ e $\hat{c}$ indicados no triângulo abaixo.

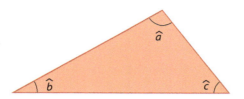

2. Escreva a relação existente entre as medidas dos ângulos $\hat{d}$, $\hat{e}$, e $\hat{f}$ indicados no triângulo abaixo.

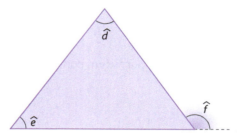

3. Determine a medida de x, em grau, em cada caso.

a)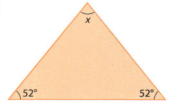

c)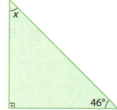

b)

d)

4. Determine a medida x, em grau, em cada caso.

a)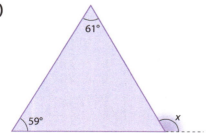

b)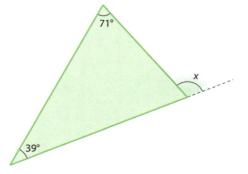

c)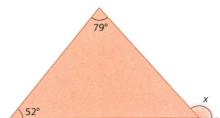

d)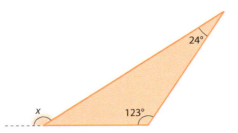

5. Calcule as medidas *a*, *b* e *c*, em grau, considerando $r \parallel \overline{BC}$.

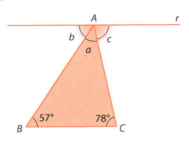

6. Na figura abaixo, determine as medidas *b* e *c*, em grau.

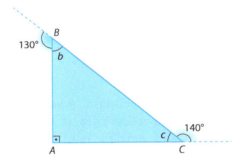

7. Determine as medidas dos ângulos internos dos triângulos abaixo.

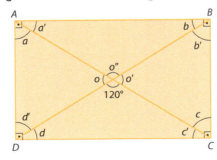

8. Na figura abaixo, determine as medidas *a*, *c* e *d*, em grau.

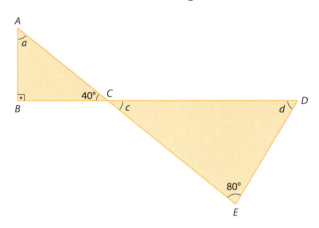

9. Nas figuras abaixo, determine os valores de *x* e de *y* em grau.

a)

b)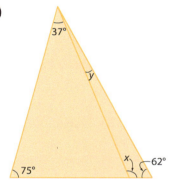

10. Caio está parado no ponto *P* e observa o pássaro no topo do prédio, no ponto *S*, sob um ângulo de 30°. Após caminhar alguns metros em direção ao prédio, Caio para no ponto *Q* e observa o pássaro sob um ângulo de 45°. Então, continua caminhando em direção ao prédio e, novamente, observa o pássaro sob um ângulo de 70°, nesse momento no ponto *R*. Quais são as medidas dos ângulos $\hat{\alpha}$, $\hat{\beta}$, $\hat{\gamma}$, $\hat{\theta}$ e $\hat{\varphi}$?

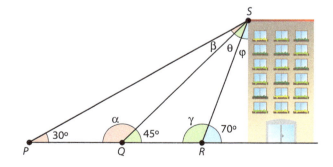

11. Observe o triângulo abaixo.

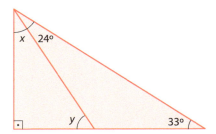

É correto afirmar que o valor de *x* · *y* é:

a) 1.880°   b) 1.881°   c) 1.882°   d) 1.883°

3. Pontos notáveis de um triângulo

1. Responda às questões.

a) O que são as medianas de um triângulo?

_____

_____

b) O que é o baricentro de um triângulo?

_____

_____

c) O baricentro de um corpo qualquer é seu centro de gravidade. O que isso significa?

_____

_____

2. Trace as medianas e encontre o baricentro dos triângulos abaixo.

a) 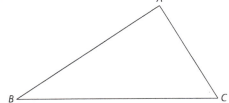   b)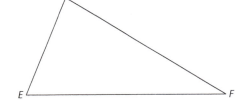

3. Responda às questões.

a) O que são as alturas de um triângulo?

_____

_____

b) O que é o ortocentro de um triângulo?

_____

_____

4. Trace as alturas e encontre o ortocentro dos triângulos.

a)
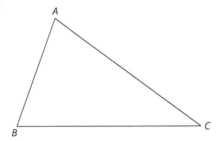

b)
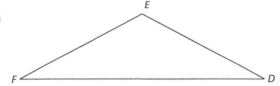

5. Responda às questões.

a) O que são as bissetrizes de um triângulo?

_____

_____

b) O que é o incentro de um triângulo?

_____

_____

c) Determinando o incentro de um triângulo, podemos traçar uma circunferência inscrita ou circunscrita ao triângulo?

_____

6. Trace as bissetrizes e encontre o incentro dos triângulos.

a)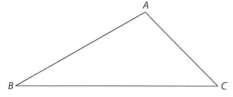

b)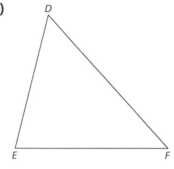

7. Responda às questões.
a) O que são as mediatrizes de um triângulo?

_____

_____

b) O que é o circuncentro de um triângulo?

_____

_____

c) Determinando o circuncentro de um triângulo, podemos traçar uma circunferência inscrita ou circunscrita ao triângulo?

_____

8. Trace as mediatrizes e encontre o circuncentro dos triângulos.

a)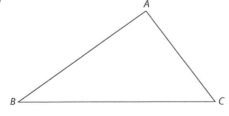

b)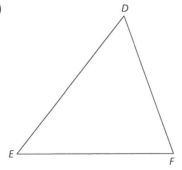

9. Sabendo que $\overline{AH}$ é a altura relativa ao lado $\overline{BC}$, calcule x.

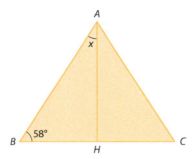

10. Na figura a seguir, $\overline{DH}$ é a altura relativa ao lado $\overline{EF}$ do triângulo DEF. Calcule as medidas x e y indicadas na figura.

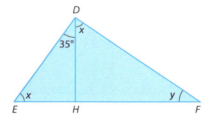

11. Calcule, em centímetro, o perímetro do triângulo PQR, sabendo que $\overline{PM}$ é a mediana relativa ao lado $\overline{QR}$.

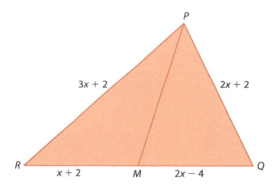

12. Observe na figura ao lado a pipa que o garoto está empinando. Qual é a medida do ângulo $D\hat{E}F$, sabendo que BE é a bissetriz do ângulo $D\hat{E}F$?

13. Observe a figura e as informações dadas por Paulinho.

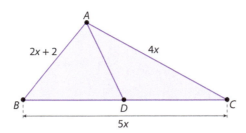

- O perímetro do triângulo ABC é 46 cm.
- $\overline{AD}$ é a mediana relativa ao lado $\overline{BC}$ do triângulo.
- O perímetro do triângulo ACD é 34,82 cm.

Qual é a medida da mediana $\overline{AD}$?

14. Giovanna desenhou um triângulo retângulo e traçou a mediana relativa à hipotenusa. Depois, indicou a medida de cada lado do triângulo em função de x.

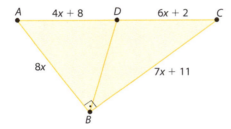

Determine as medidas dos catetos e da hipotenusa do triângulo que Giovanna desenhou.

4. Congruência

1. Identifique os pares de triângulos congruentes, indicando o caso de congruência.

a)
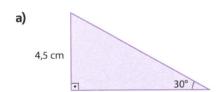

c)
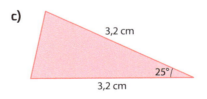

b)
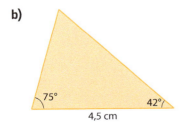

d)
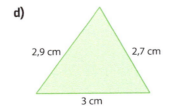

e)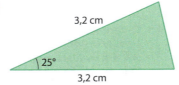

g)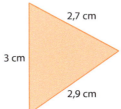

f)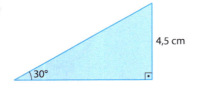

h)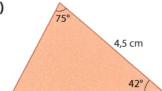

2. Determine a medida x em cada caso.

a)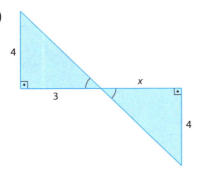

d)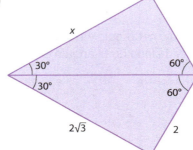

b)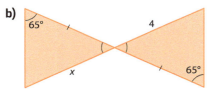

e)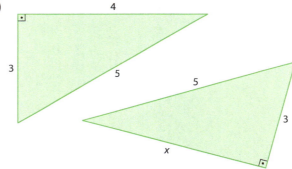

c)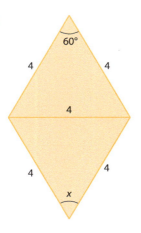

f)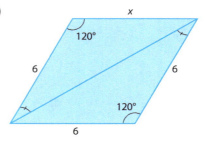

3. A professora de Matemática de uma turma do 8º ano organizou os alunos em grupos e pediu para eles que escolhessem alguns cartões impressos com figuras de triângulos. Observe os cartões escolhidos pelos integrantes do grupo de Luiz.

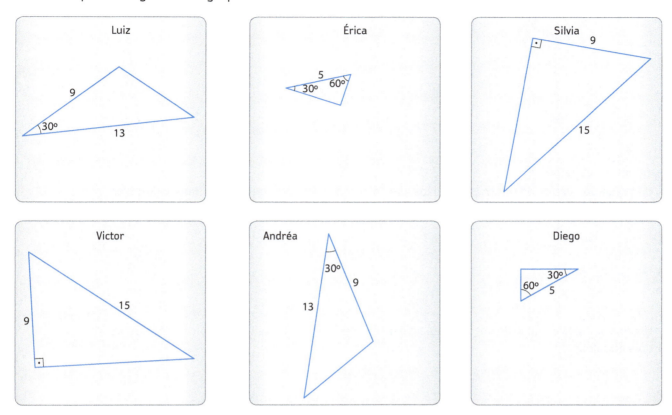

Verifique entre os integrantes do grupo de Luiz quem escolheu os triângulos congruentes e indique o caso de congruência.

5. Triângulos isósceles e equiláteros

1. Sabendo que os triângulos a seguir são isósceles, calcule x em cada caso.

a)

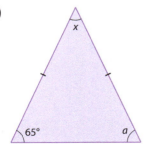

b)

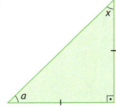

c)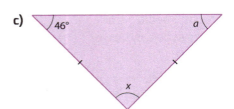

d)

2. Responda às questões.

a) O ângulo do vértice de um triângulo isósceles mede 34°. Quanto mede cada um dos ângulos da base?

b) Um dos ângulos da base de um triângulo isósceles mede 48°. Quais são as medidas dos outros dois ângulos?

3. Na figura, o triângulo ABC é isósceles. Calcule as medidas de $\hat{a}$, $\hat{b}$ e $\hat{c}$.

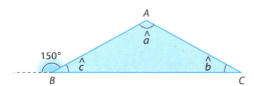

4. Osvaldo está fazendo um projeto para a construção do telhado de sua casa e pretende colocar a caixa-d'água sob o telhado, como mostra a figura abaixo. Sabendo que o triângulo ABC indicado no esquema do telhado é isósceles, quais devem ser as medidas dos ângulos internos desse triângulo?

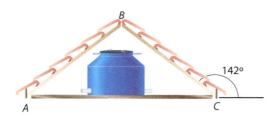

5. Sabendo que $\overline{EF}$ é a base do triângulo isósceles *EFG* a seguir e $\overline{GH}$ é a bissetriz do ângulo $E\widehat{G}F$, calcule as medidas *x* e *y*, em grau.

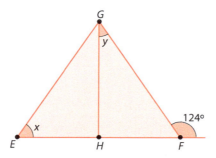

6. Em um triângulo isósceles, a medida da base é igual à metade da medida de cada um dos outros lados. Determine a medida de cada lado desse triângulo, sabendo que seu perímetro é igual a 150 cm.

7. Determine *x* sabendo que o triângulo *ABC* é isósceles.

a) $\overline{AD}$ é bissetriz.

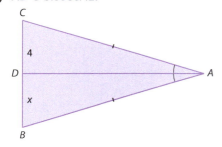

b) $\overline{AM}$ é mediana.

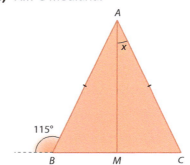

8. Em um triângulo isósceles *ABC*, a mediana relativa à base $\overline{BC}$ divide o ângulo correspondente ao vértice *A* em dois ângulos cujas medidas são expressas por $3x + 5°$ e $x + 45°$. Determine a medida, em grau, dos ângulos internos desse triângulo.

9. Calcule x e verifique se os triângulos a seguir são equiláteros.

a)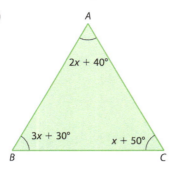

c)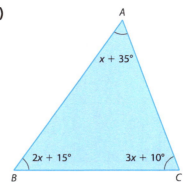

b)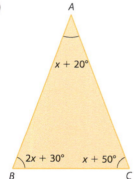

d)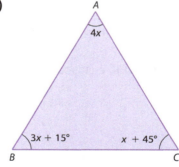

10. Calcule x e o perímetro do triângulo em cada item.

a) $\overline{AD}$ é bissetriz.

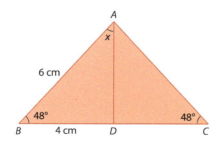

b) $\overleftrightarrow{AC}$ é mediatriz.

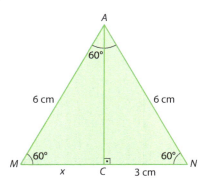

c) $\overline{AD}$ é mediana.

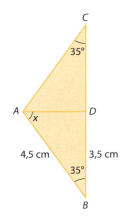

11. (Etec-SP)

A necessidade de medir é quase tão antiga quanto a de contar. Quando o homem começou a construir suas habitações e a desenvolver a agricultura, precisou criar meios de efetuar medições. Para isso, ele tomava a si próprio com referência.

Foi assim que surgiram unidades de medidas tais como a polegada e o pé.

Veja seus valores correspondentes em centímetros:

1 polegada = 2,54 cm

1 pé = 30,48 cm

(Adaptado de: MACHADO, N. J. *Vivendo a Matemática* – medindo comprimentos. São Paulo: Scipione.)

O perímetro de um triângulo é de 79,6 cm. Dois de seus lados medem 25 cm e 16,5 cm. A medida do terceiro lado em polegadas é

a) 12.
b) 15.
c) 22.
d) 25.
e) 32.

12. Célia desenhou dois triângulos que têm o mesmo perímetro. Qual é esse perímetro, em centímetro?

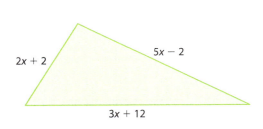
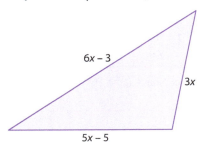

PROGRAMA DE RESOLUÇÃO DE PROBLEMAS — PARTE 1

ESTRATÉGIA PARA CONHECER

Checar uma suposição

• **Um problema**

Uma antiga lenda da Índia conta que um rei, em sinal de gratidão, permitiu a um jovem corajoso escolher o presente que quisesse. O jovem, modestamente, não querendo recusar a oferta, fez o seguinte pedido:

— Quero grãos de trigo: 1 grão de trigo pela primeira casa do tabuleiro de xadrez, 2 grãos pela segunda casa do tabuleiro, 4 grãos pela terceira casa, e assim por diante, dobrando a quantidade de grãos até a 64ª casa do tabuleiro.

O rei achou que um punhado de grãos de trigo fosse suficiente para recompensar o jovem. Ele estava certo? Quantos grãos o jovem receberia?

• **Para resolver um problema checando uma suposição**

EU DEVO...	PARA...
1 **fazer uma suposição.** O jovem receberia: 1 + 2 + 4 + 8 + 16 + 32 + 64 + 128 + ... casas do tabuleiro — 1ª 2ª 3ª 4ª 5ª 6ª 7ª 8ª Estimando essa soma, temos: • como a primeira fileira do tabuleiro tem 8 casas, o jovem receberia 1 + 2 + 4 + 8 + 16 + 32 + 64 + 128 = 255 grãos; • como o tabuleiro tem 8 fileiras, ele receberia 255 · 8 grãos = 65.025 grãos.	• encontrar um número como referência.
2 **checar a suposição.** Escrevendo as parcelas da soma como potências, temos: $2^0 + 2^1 + 2^2 + 2^3 ... + 2^{64}$ Calculando as potências, obtemos: | 2^0	1	2^8	256	2^{16}	**65.536**	... | | 2^1 | 2 | 2^9 | 512 | 2^{17} | 131.072 | ... | | 2^2 | 4 | 2^{10} | 1.024 | 2^{18} | 262.144 | ... | | 2^3 | 8 | 2^{11} | 2.048 | 2^{19} | 524.288 | ... | | 2^4 | 16 | 2^{12} | 4.096 | 2^{20} | 1.048.576 | ... | | 2^5 | 32 | 2^{13} | 8.192 | 2^{21} | 2.097.152 | ... | | 2^6 | 64 | 2^{14} | 16.384 | 2^{22} | 4.194.304 | ... | | 2^7 | 128 | 2^{15} | 32.768 | 2^{23} | 8.388.608 | ... | Só a quantidade de grãos que haveria na 16ª casa do tabuleiro já ultrapassaria a quantidade estimada.	• verificar se a suposição feita é solução do problema.
3 **concluir.** A quantidade de grãos será enorme. Como os termos dessa soma estão na forma de potência, a cada parcela acrescida, o aumento será muito grande. Conta a lenda que o número de grãos seria: 18.446.744.073.709.551.615	• aplicar essa conclusão a problemas semelhantes.

PROBLEMAS PARA RESOLVER

1 OS RELÓGIOS

Pedro e Daniel têm relógios de ponteiro com defeitos diferentes: o de Pedro atrasa 1 minuto por dia, e o de Daniel está parado. Apesar disso, Daniel confirmou que seu relógio era melhor que o de Pedro. Após conversarem, concordaram que o melhor relógio era aquele que marcava a hora certa mais vezes em um dia. De acordo com essa regra, qual relógio é melhor?

2 OS PREÇOS

Um comerciante fez a seguinte promoção: todas as camisas de sua loja com preço reduzido em 20%. Dias depois, resolveu encerrar a promoção, voltando aos preços anteriores. Para isso, instruiu seus funcionários a aumentarem o preço atual em 20%, pois assim voltariam ao preço original. O procedimento adotado pelo comerciante para retornar aos preços anteriores está correto? Justifique sua resposta.

3 COMPRIMENTO DA CIRCUNFERÊNCIA

Imagine um barbante que contorne uma bola de futebol, conforme a figura.

Se aumentássemos o comprimento do barbante em 1 m e contornássemos novamente a bola, um ratinho conseguiria passar pela folga entre o barbante e a bola?

E se conseguíssemos fazer a mesma experiência com a Terra, passando um barbante pela linha do Equador e depois aumentando em 1 m seu comprimento, o mesmo ratinho conseguiria passar pela folga do barbante?

PARTE 2

RECORDE

Quadriláteros
- Número de diagonais de um quadrilátero convexo: 2
- Soma das medidas dos ângulos internos de um quadrilátero convexo: S = 360°

Paralelogramo
É todo quadrilátero com os lados opostos paralelos.
- Classificação dos paralelogramos:

    Retângulos (paralelogramos que têm os quatro ângulos congruentes).

    Losangos (paralelogramos que têm os quatro lados congruentes).

    Quadrados (paralelogramos que têm os quatro lados congruentes e os quatro ângulos congruentes).

    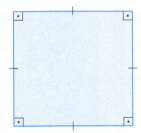

Propriedades
- Os lados opostos de um paralelogramo são congruentes.
- Os ângulos opostos de um paralelogramo são congruentes.
- As diagonais de um paralelogramo cruzam-se nos respectivos pontos médios.
- As diagonais de um retângulo são congruentes.
- As diagonais de um losango estão contidas nas respectivas bissetrizes dos ângulos internos e são perpendiculares entre si.
- As diagonais de um quadrado são congruentes, estão contidas nas respectivas bissetrizes dos ângulos internos e são perpendiculares entre si.

Trapézio
Todo quadrilátero que tem apenas um par de lados opostos paralelos é um trapézio.

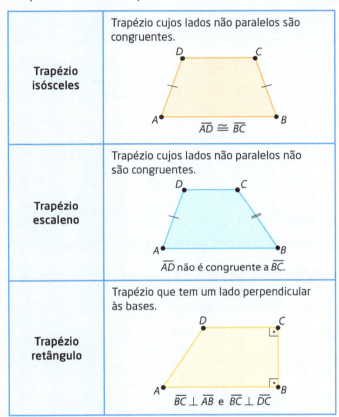

Propriedades
- Os ângulos adjacentes a uma das bases de um trapézio isósceles são congruentes.
- As diagonais de um trapézio isósceles são congruentes.

Base média
A base média de um trapézio é paralela às bases, e sua medida é a metade da soma das medidas das bases.

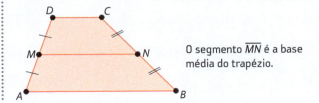

O segmento $\overline{MN}$ é a base média do trapézio.

Polígonos

Dado um polígono convexo de n lados:

- A diagonal do polígono é:

$$d = \frac{n \cdot (n-3)}{2}$$

- A soma das medidas dos ângulos internos do polígono é:

$$S = (n-2) \cdot 180°$$

- O ângulo interno de um polígono regular é:

$$a = \frac{(n-2) \cdot 180°}{n}$$

Polígono regular

- Polígono regular é um polígono que tem todos os lados congruentes e todos os ângulos internos congruentes.
- Todo polígono regular pode ser inscrito em uma circunferência.

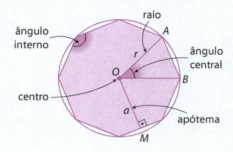

Superfície

Quando duas figuras têm mesma área, dizemos que são **equivalentes**.

Cálculo de área de figuras planas

- retângulo de base b e altura a

$$A = b \cdot a$$

- triângulo de base b e altura a

$$A = \frac{b \cdot a}{2}$$

- losango de diagonais d_1 e d_2

$$A = \frac{d_1 \cdot d_2}{2}$$

- paralelogramo de base b e altura a

$$A = b \cdot a$$

- trapézio de altura a e bases b_1 e b_2:

$$A = \frac{a \cdot (b_1 + b_2)}{2}$$

- quadrado de lado ℓ

$$A = \ell^2$$

Regiões circulares

- área do círculo

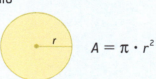

$$A = \pi \cdot r^2$$

- área do setor circular

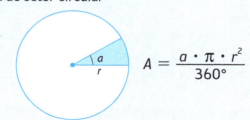

$$A = \frac{a \cdot \pi \cdot r^2}{360°}$$

- área da coroa circular ($R > r$)

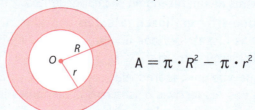

$$A = \pi \cdot R^2 - \pi \cdot r^2$$

UNIDADE 4 Quadriláteros

1. Elementos de um quadrilátero

1. Observe o quadrilátero *ABCD* e responda às questões.

   a) Quais são os ângulos internos? _____

   b) Quais são os ângulos externos? _____

   c) Quais são os vértices? _____

   d) Quais são os lados? _____

   e) Quais são as diagonais? _____

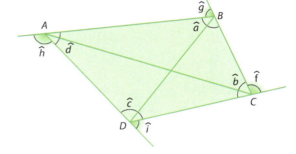

2. Nos quadriláteros abaixo, determine *x* em grau.

   a)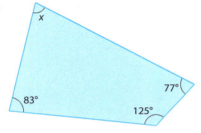

   c)

   b)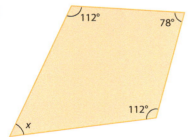

   d)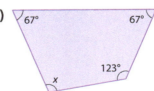

3. Sabendo que o perímetro do quadrilátero representado abaixo é 156 cm, determine as medidas dos lados $\overline{AB}$ e $\overline{CD}$.

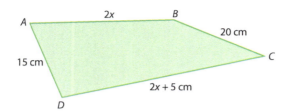

4. Calcule y em grau.

a)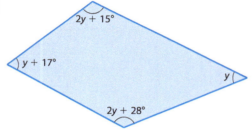

c)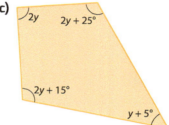

b)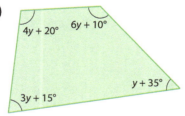

d)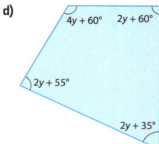

5. Calcule y em grau.

a)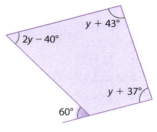

c)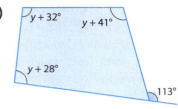

b)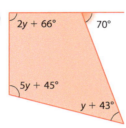

d)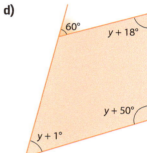

6. Mauro desenhou dois quadriláteros e indicou neles as medidas dos seus lados em função da letra x. Leia a informação de Mauro e calcule a medida, em centímetro, de cada lado dos quadriláteros que ele desenhou.

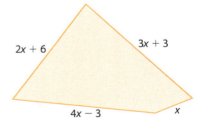

Os quadriláteros têm perímetros iguais.

7. Segundo a Federação Brasileira de Bumerangue (FBB), o surgimento do bumerangue se deu há mais de 23 mil anos. Por volta dos anos 60 e início dos anos 70, formaram-se na Austrália, Europa e nos Estados Unidos os primeiros clubes, federações e entidades. O bumerangue como esporte iniciou-se em 1960, com a realização da primeira prova oficial em Melbourne (Austrália), e ganhou força em 1987, com o primeiro evento internacional de bumerangue, nos Estados Unidos. Já em 1991, disputou-se o primeiro mundial em Perth, na Austrália. As modalidades de competição, atualmente, são: pegada rápida; precisão; máximo tempo no ar; enduro; pegadas acrobáticas; malabarismo; entre outras.

Disponível em: <http://www.fbbumerangue.com.br/v2010/index.php>.
Acesso: 14 jul. 2014.

César está treinando para competir em uma dessas modalidades com o bumerangue representado abaixo.

Sabendo que o perímetro do bumerangue é 76 cm, quais são as medidas dos lados do bumerangue de César?

8. Responda às questões.

   a) Três dos quatro ângulos internos de um quadrilátero medem 71°, 84° e 137°. Qual é a medida de seu quarto ângulo?

   b) Os ângulos externos de um quadrilátero medem 58°, 73°, 131° e 62°. Determine as medidas de seus ângulos internos.

9. Calcule as medidas dos ângulos internos de um quadrilátero, sabendo que três deles medem $2x + 32°$, $x + 95°$ e $3x + 28°$ e o ângulo externo adjacente ao quarto ângulo interno desse quadrilátero mede 83°.

10. Determine y em grau.

a)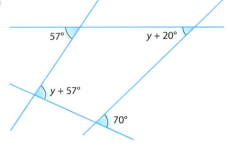

b)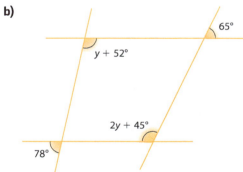

c)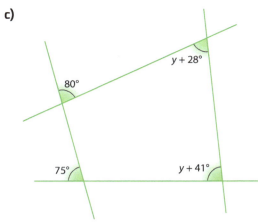

d)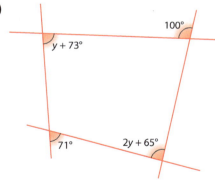

2. Quadriláteros notáveis

1. Identifique a afirmação falsa.
   a) Todo quadrilátero convexo que tem os lados opostos paralelos é um paralelogramo.
   b) Todo quadrado é um paralelogramo.
   c) Todo retângulo é um paralelogramo.
   d) Todo losango é um paralelogramo.
   e) Todo paralelogramo é sempre um quadrado.

2. Entre as figuras geométricas abaixo, identifique as que não são paralelogramos.

a)    c)    e)

b)    d) 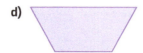   f)

3. Propriedades dos paralelogramos

1. Identifique as afirmações falsas.
   a) Os lados opostos de um paralelogramo são congruentes.
   b) Os ângulos opostos de um paralelogramo são congruentes.
   c) As diagonais de um paralelogramo cruzam-se nos respectivos pontos médios.
   d) As diagonais de um retângulo não são congruentes.
   e) Para os quadrados não se aplicam as propriedades dos paralelogramos, retângulos e losangos.

2. Um quadrilátero qualquer, *ABCD*, tem dois de seus lados com as seguintes medidas: $AB = 5$ cm e $BC = 7$ cm. Quais são as medidas de seus outros dois lados para que ele seja um paralelogramo?

3. Determine as medidas dos lados do paralelogramo representado, sabendo que seu perímetro é 84 cm.

4. Considerando um retângulo tal que dois dos seus lados medem $5x + 7$ e $2x + 3$, determine:

a) o polinômio que representa o perímetro desse retângulo.

b) o polinômio que representa a área desse retângulo.

5. Determine o valor de x, em grau, nos paralelogramos a seguir:

a)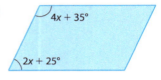

c)

b)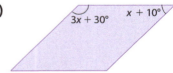

d)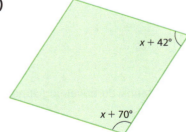

6. Determine os valores de x e de y para que as figuras sejam paralelogramos.

a)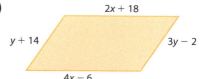

b)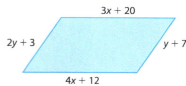

7. Observe o retângulo ABCD e responda às questões.

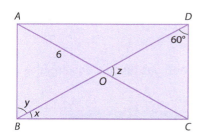

a) Qual é a medida de $\overline{BD}$? E a de $\overline{AC}$?

b) Quais são os valores de x, y e z em grau?

8. Observe o losango DEFG e responda às questões.

a) Qual é a medida de $\overline{DF}$? E a de $\overline{EG}$?

b) Quais são os valores de x, y e z em grau?

9. Ester desenhou a bandeira do Brasil e marcou as medidas de dois dos ângulos do losango, como mostra a figura.

Quais são as medidas dos ângulos internos do losango da bandeira desenhada por Ester?

10. Calcule x e y, em grau, no paralelogramo a seguir.

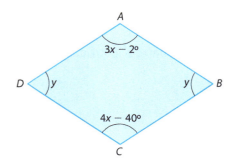

11. Em um paralelogramo PQRS, cujo perímetro é 120 cm, a medida de $\overline{PQ}$ é o dobro da medida de $\overline{QR}$. Quais são as medidas dos lados desse paralelogramo?

12. A figura mostra o desenho de um paralelogramo feito por Márcio, com um dos ângulos externos indicados.

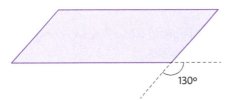

Quais são as medidas dos ângulos internos desse paralelogramo desenhado por Márcio?

4. Propriedades dos trapézios

1. Classifique os trapézios abaixo e justifique sua resposta.

   a)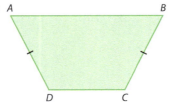

   _____
   _____

   b)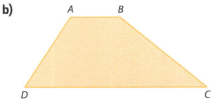

   _____
   _____
   _____

   c)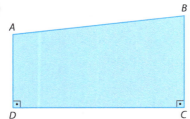

   _____
   _____
   _____

2. (Simulado-Prova Brasil) Alguns quadriláteros estão representados nas figuras abaixo. Qual dos quadriláteros possui apenas um par de lados paralelos?

   a)   b)   c)   d)

3. Identifique a afirmativa falsa.
   a) Os ângulos adjacentes a uma das bases de um trapézio isósceles são congruentes.
   b) As diagonais de um trapézio isósceles são congruentes.
   c) A base média de um trapézio é o segmento cujos vértices são os pontos médios de dois lados paralelos.

4. Considerando o trapézio isósceles ABCD com bases $\overline{AB}$ e $\overline{CD}$, responda às questões.
   a) Qual é a medida de $\overline{AD}$ se $BC = 25,5$ cm?

68

b) Calcule a med $(C\hat{D}A)$, sabendo que a med $(A\hat{B}C) = 75°$.

5. O perímetro de um trapézio isósceles, cujas bases medem 18 cm e 12 cm, é 50 cm. Determine as medidas dos demais lados.

6. Determine as medidas dos ângulos $\hat{B}$ e $\hat{C}$ do trapézio representado abaixo.

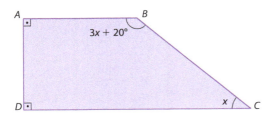

7. Observe o trapézio ao lado e identifique a alternativa falsa.
   a) Os ângulos $\hat{a}$ e $\hat{b}$ são colaterais internos.
   b) Os ângulos $\hat{c}$ e $\hat{d}$ são colaterais externos.
   c) Os ângulos $\hat{c}$ e $\hat{d}$ são colaterais internos.
   d) O trapézio ABCD é escaleno.

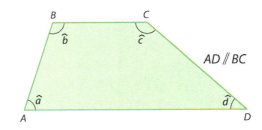

8. A medida de um dos quatro ângulos internos de um trapézio retângulo é 77°. Determine as medidas dos demais ângulos.

9. No trapézio isósceles PQRS, T é o ponto médio de $\overline{PQ}$, e U é o ponto médio de $\overline{RS}$. Calcule v, w, x, y, z e o perímetro do trapézio.

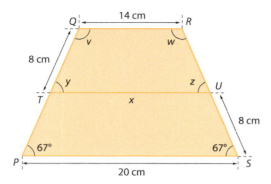

10. Calcule as medidas x, em grau, para cada trapézio.

a)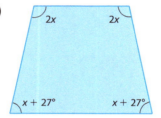

b)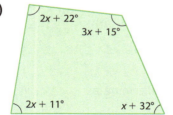

c)

d)

11. Determine a medida da base média de um trapézio cujas bases medem 30 cm e 21 cm.

12. Determine o valor de x, em grau, para cada figura.

a)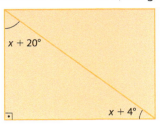

d)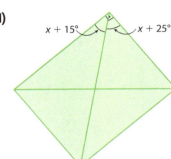

b)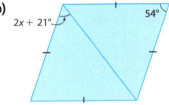

e)

c)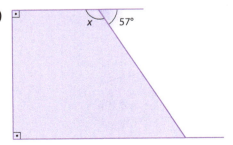

f)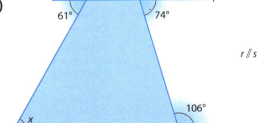

$r \parallel s$

13. Sueli desenhou um trapézio isósceles em um cartão e colocou-o dentro de um envelope. Depois, chamou seu irmão e mostrou a ele apenas um pedaço do trapézio, como mostra a figura ao lado.

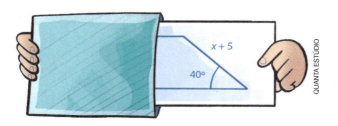

a) Sabendo que a medida da base maior é o dobro da medida da base menor, determine as medidas dos lados desse trapézio isósceles cujo perímetro é 85 cm.

b) Quais são as medidas dos outros três ângulos desse trapézio isósceles?

14. Lucas, Pedro e Vagner foram dar uma volta de carro, porém todos queriam dirigir o veículo. Então, um deles teve uma ideia:

— *Vamos escolher uma atividade e quem a resolver corretamente dirige o carro!*

Observe a atividade escolhida pelos amigos e a resposta que cada um deu.

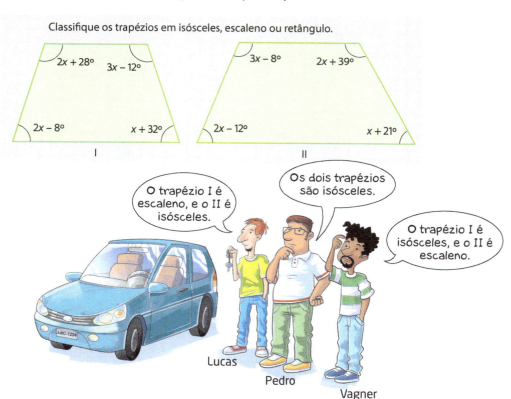

Com base nessas informações, quem dirigiu o veículo?

15. Miriam desenhou dois trapézios isósceles congruentes, formando a figura abaixo. Qual é a medida do ângulo $\hat{\alpha}$ destacado na figura?

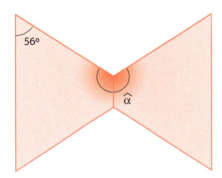

16. Resolva a atividade que Renata propôs a Renan.

Três dos ângulos externos de um trapézio medem 64°, 115° e 140°. Quais são as medidas dos ângulos internos desse trapézio?

17. Sabendo que o trapézio a seguir é isósceles e $\overline{AB}$ é base média, calcule as medidas de x, y e z.

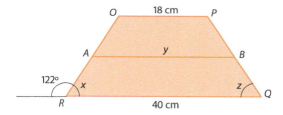

UNIDADE 5 Polígonos

1. Polígonos e seus elementos

1. Com o auxílio de uma régua, desenhe um polígono convexo e um não convexo.

2. Observe o polígono e faça o que se pede:

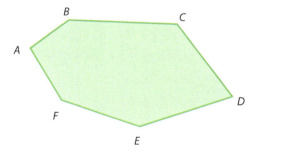

a) Quantos lados tem esse polígono? _____

b) Quantos ângulos internos tem esse polígono? _____

c) Escreva os vértices desse polígono. _____

d) Escreva os lados desse polígono. _____

e) Escreva as diagonais desse polígono. _____

f) Dê um exemplo de ângulo interno desse polígono. _____

2. Número de diagonais de um polígono

1. Determine as diagonais dos polígonos a seguir.

Polígono 1

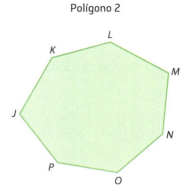

Polígono 2

Polígono 1: _____

Polígono 2: _____

2. Determine o polígono cujo número de diagonais é igual ao triplo do número de lados.

3. Paloma desenhou um polígono com 40 lados e calculou o número de diagonais desse polígono. Qual foi o número de diagonais determinado por Paloma?

4. Resolva o enigma de Paulo e Gabriela.

5. O número de diagonais de um polígono é o triplo do número de diagonais de um octodecágono. Quantas diagonais tem esse polígono?

6. O número de lados de um polígono é o dobro do número de lados de um eneadecágono. Qual é o número de diagonais desse polígono?

7. Débora calculou o número de diagonais de um polígono undecágono e disse que ele tem 44 diagonais. Verifique se ela acertou.

3. Ângulos de um polígono convexo

1. Complete o quadro.

	Triângulo	Quadrilátero	Hexágono	Eneágono	Decágono	Icoságono
Número de lados						
Quantidade de triângulos da decomposição						
Soma das medidas dos ângulos internos						

2. Calcule o valor de x em cada caso.

a)

c)

b)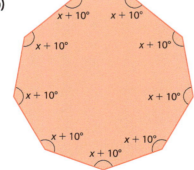

d)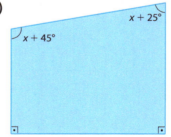

3. Determine o polígono cuja soma das medidas dos ângulos internos é:

a) 1.620°

b) 900°

c) 2.340°

d) 540°

4. Jácson desenhou um polígono e marcou os valores dos ângulos internos. Qual é o valor de x, em grau?

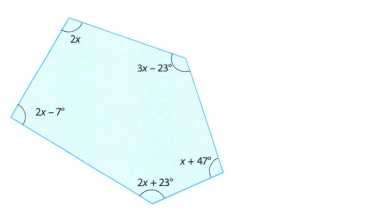

5. A soma dos ângulos internos de um polígono é o dobro da soma dos ângulos internos de um hexágono. Qual é esse polígono?

6. Três amigos foram a um restaurante e decidiram que quem não conseguisse resolver corretamente o exercício abaixo pagaria a conta.

> Se x é o número de diagonais de um polígono de 30 lados e y é o valor da soma dos ângulos internos desse polígono, quais são os valores de x e y?

Observe a resposta de cada um dos amigos:

Carlos	Douglas	Elvis
$x = 405$	$x = 405$	$x = 415$
$y = 5.080°$	$y = 5.040°$	$y = 5.040°$

Quem pagou a conta do restaurante?

7. A professora de uma turma do 8º ano precisava formar quatro grupos de alunos para ajudar na Feira de Ciências da escola. Então, escreveu em cartões o nome de quatro polígonos, o número (n) de lados, o número de diagonais (d) e o valor da soma (S) dos ângulos internos de cada um deles. Depois, espalhou os cartões sobre a mesa e pediu aos alunos que quisessem participar do evento que retirassem um cartão e formassem os grupos de acordo com os elementos de cada polígono. Observe abaixo os cartões que cada aluno retirou.

Caroline	Felipe	André	Letícia
Decágono	$d = 77$	$S = 1.440°$	$n = 14$ lados

Giovanna	Roberto	Beatriz	Vitória
$d = 65$	$n = 10$ lados	Tetradecágono	Icoságono

Mayara	Bruna	Juliana	Arthur
$d = 170$	$S = 3.240°$	$n = 20$ lados	$n = 13$ lados

Marcelo	Michel	Yago	Júlia
$S = 2.160°$	$d = 35$	$S = 1.980°$	Tridecágono

Quais foram os quatro grupos formados para participar do evento na escola?

8. Identifique a afirmação verdadeira.
   a) A soma dos ângulos internos de um polígono convexo qualquer é 180°.
   b) A soma dos ângulos internos de um polígono convexo qualquer é 360°.
   c) A soma dos ângulos externos de um polígono convexo qualquer é 360°.
   d) A soma dos ângulos externos de um polígono convexo qualquer é 520°.

9. Supondo que um polígono seja decomposto em 10 triângulos, determine a soma das medidas de seus ângulos internos e descubra que polígono é esse.

4. Polígono regular

1. Em um pentadecágono regular, determine:
   a) a soma das medidas dos ângulos internos;

   b) a medida de cada ângulo interno;

   c) a medida de cada ângulo externo.

2. A medida do ângulo interno de um polígono regular é o triplo da medida do seu ângulo externo. Descubra que polígono é esse.

3. A medida do ângulo interno de um polígono regular é o quíntuplo da medida de seu ângulo externo. Descubra que polígono é esse.

4. Determine o nome do polígono regular, a medida de seu ângulo interno e a medida do ângulo externo, de acordo com a soma dos ângulos internos dada em cada item.

a) $S_i = 1.260°$

b) $S_i = 2.520°$

5. Rebeca desenhou um dodecágono regular e marcou o valor de um ângulo externo β. Qual é o valor de β?

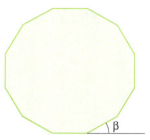

6. Observe o diálogo entre Fernanda e Lúcia. Lúcia respondeu corretamente às perguntas de Fernanda? Caso tenha se equivocado, faça as correções necessárias.

7. Quantos lados tem um polígono regular cujo ângulo externo mede 30°?

8. Qual é a medida de um ângulo interno de um polígono regular que tem 5 diagonais a partir de um vértice?

9. Para construir um mosaico usando apenas um tipo de polígono regular de modo que não fique espaço entre as peças, é necessário que o ângulo interno desse polígono seja um divisor de 360°. Veja, como exemplo, a figura composta por quadrados. Nessas condições, Cláudio quer construir um mosaico usando só pentágonos regulares, ele conseguirá fazer essa construção? Justifique sua resposta.

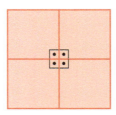

10. Observe o seguinte polígono regular inscrito em uma circunferência:

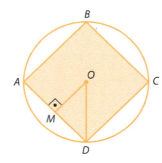

Em cada caso, indique o elemento do polígono, utilizando os pontos já destacados.

a) Um raio da circunferência. _____

b) Um ângulo central. _____

c) Um ângulo interno. _____

d) O apótema. _____

11. Determine o raio da circunferência circunscrita a um hexágono regular que tem lado de medida igual a 12,5 cm.

UNIDADE 6 Área e volume

1. Superfícies

1. Observe o seguinte mosaico:

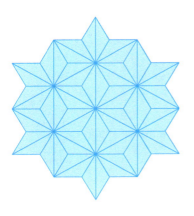

a) Considerando a peça ◇ como unidade de medida de área, qual é a área total do mosaico?

b) Considerando a peça ✶ como unidade de medida de área, qual é a área total do mosaico?

c) Sabendo que cada peça ◁ tem 25 cm², qual é a área, em cm², desse mosaico?

2. Observe as duas figuras.

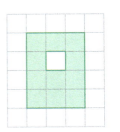 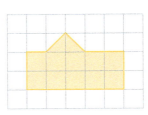

Agora, responda:
a) Essas figuras são equivalentes? Justifique.

b) Se cada quadradinho da malha tem 1 cm², qual é a área de cada figura?

3. O piso de uma varanda será revestido de placas quadradas de cerâmica com área de 0,16 m² cada placa. Responda:

a) Foram utilizadas 100 placas para revestir o piso. Qual é a área desse piso?

_____

b) Considerando que o piso da varanda tem a forma retangular e uma das suas dimensões é 2 m, esboce como ficaram dispostas as placas nesse piso.

4. Compare as seguintes figuras e assinale a que tem a maior área:

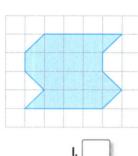
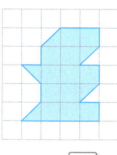
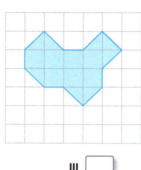

I. ☐　　　　　II. ☐　　　　　III. ☐

2. Cálculo de áreas de figuras planas

1. Com o auxílio de uma régua, calcule a área aproximada, em centímetro quadrado, das seguintes figuras.

a) Quadrado

c) Triângulo

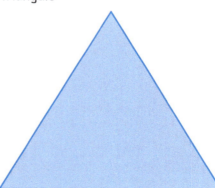

b) Paralelogramo

d) Trapézio

2. Calcule a área de cada figura, considerando que o lado de cada quadradinho mede 1,2 cm.

a)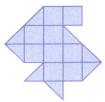

c)

b)

d)

3. Ao calcular a área de um paralelogramo que tem base igual a 8,4 cm e altura 5,5 cm, um aluno chegou ao resultado de 23,1 cm². A professora disse que ele confundiu a resolução com outro polígono. Explique o erro que o aluno cometeu e encontre a resposta correta.

4. Uma mesa tem o tampo de madeira em forma de um trapézio com bases de 1 m e 1,5 m e altura de 0,5 m. No centro desse tampo será feita uma abertura em forma retangular com 0,3 m de comprimento e 0,8 m de altura para encaixar um vidro. Determine a área de madeira que restará no tampo?

3. Cálculo aproximado de áreas

1. Calcule a área aproximada de cada figura, considerando que cada lado do quadradinho representa 1 centímetro.

   a)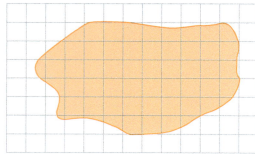

   b)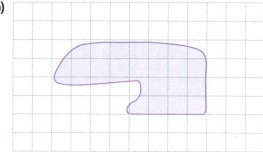

   c)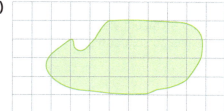

2. Uma maneira para se calcular a área aproximada de uma figura é traçar duas figuras retangulares: uma interna e outra externa à figura original, como foi feito a seguir:

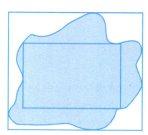

Depois, para encontrar a área aproximada, é feita a média dessas duas áreas.
Usando esse raciocínio e com o auxílio de uma régua, calcule a área aproximada da figura abaixo.

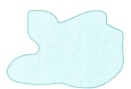

3. De acordo com o mapa do estado do Espírito Santo, faça o que se pede.

a) Calcule a área aproximada desse estado.

b) Qual foi a estratégia usada para fazer o cálculo?

c) Escolha um colega e verifique se a área calculada por ele tem valor aproximado a calculada por você. Se os resultados estiverem muito diferentes, expresse a sua opinião sobre o porquê de isso ter acontecido.

d) Pesquise na internet ou em um atlas a área do estado do Espírito Santo e verifique se o resultado obtido por você está próximo do real. Escreva as duas áreas e compare-as. Se a diferença for grande, refaça os cálculos.

4. Área de regiões circulares

1. Calcule a área dos círculos.

a)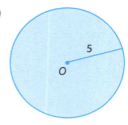

b)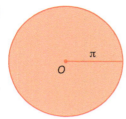

c)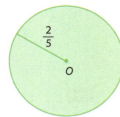

2. Qual é a medida do raio do círculo que tem área igual a 452,16 cm²? Considere $\pi = 3,14$.

3. Determine a área de cada setor circular indicado em lilás:

a)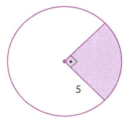

b)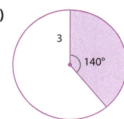

4. Calcule a área das coroas circulares.

a)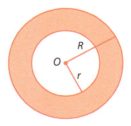

b)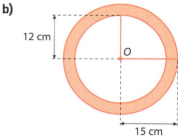

5. Sabendo que a área da coroa circular da figura a seguir é igual a $36,75\pi$ cm², calcule a medida r.

5. Volume e capacidade

1. Calcule o volume, em m³, de cada figura.

   a)

   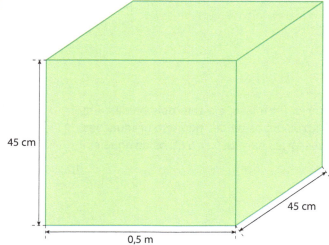

   b)

   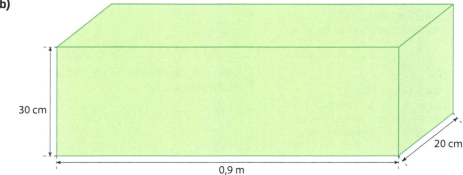

2. Responda às questões.
   a) Quantos litros cabem em 1 m³?

   b) Quantos cm³ são equivalentes a 150 mL?

3. Um vaso tem a forma de um paralelepípedo com 6 cm de comprimento, 5 cm de largura e 10 cm de altura. Quantos litros de água são necessários para preencher 10 vasos como este?

PROGRAMA DE RESOLUÇÃO DE PROBLEMAS

PARTE 2

ESTRATÉGIA PARA CONHECER

Fazer uma lista ou um quadro

- **Um problema**

Tadeu quer retirar 6 litros de água de um reservatório. Para isso, ele tem dois baldes: um que comporta 7 litros de água e outro que comporta 11 litros. Se os baldes não têm graduações intermediárias, qual é o menor número de passagens necessárias para deixar 6 litros de água em um dos baldes?

- **Para resolver um problema fazendo uma lista ou um quadro**

EU DEVO...	PARA...
1 iniciar a resolução do problema. Se ele encher o balde de 11 litros e depois usar essa água para encher o balde de 7 litros, restarão 4 litros no primeiro balde. Com esse procedimento, não foi possível chegar aos 6 litros de água em um balde.	• saber em que etapa da resolução os dados ficam desorganizados e atrapalham a solução.
2 identificar como organizar a resolução. Para organizar a resolução desse problema, vamos listar as tentativas em um quadro. Com isso, é possível analisar melhor a passagem de água de um balde para outro e verificar se não houve etapas desnecessárias, assim como orientar o caminho para chegar à solução do problema.	• não se perder durante uma resolução com muitas etapas.
3 listar as etapas da resolução. Para economizar etapas da resolução, vamos analisar o objetivo do problema: deixar 6 litros de água em um dos baldes. Como um deles comporta 7 litros, se conseguirmos deixar com 10 litros de água o balde de 11 litros, obteremos os 6 litros procurados, pois bastará despejar 1 litro de água do balde de 7 litros no balde de 11 litros. | Balde de 7 litros | 7 | 0 | 7 | 3 | 3 | 0 | 7 | 0 | 7 | 6 | | Balde de 11 litros | 0 | 7 | 7 | 11 | 0 | 3 | 3 | 10 | 10 | 11 |	• ajudar na análise das etapas da resolução.
4 checar o registro de passagens desnecessárias. | Balde de 7 litros | 7 | 0 | 7 | 3 | 3 | 0 | 7 | 0 | 7 | 6 | | Balde de 11 litros | 0 | 7 | 7 | 11 | 0 | 3 | 3 | 10 | 10 | 11 | Não houve repetição de nenhuma passagem. Portanto, 10 é o número mínimo de passagens.	• encontrar o número mínimo de passagens.

PROBLEMAS PARA RESOLVER

1) TRIÂNGULOS

Quantos triângulos há nesta figura?

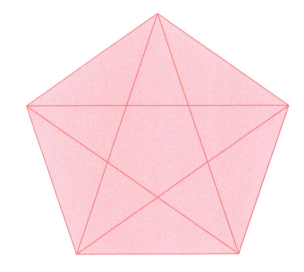

2) PILHAS DE MOEDAS

Doze moedas, numeradas de 1 a 12, estão dispostas em uma circunferência. Escolha uma moeda qualquer, pule duas moedas (no sentido horário ou anti-horário) e coloque-a sobre a próxima moeda. Repetindo esse procedimento, forme seis pilhas de duas moedas movendo cada uma delas apenas uma vez. Explique como você formou essas pilhas.

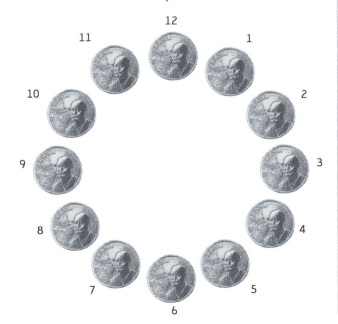

3 MOEDAS ENFILEIRADAS

Em uma fileira de 10 moedas, conforme a figura abaixo, há 5 moedas com a face coroa voltada para cima e 5 moedas com a face cara voltada para cima.

Desloque, de cada vez, duas moedas vizinhas e coloque-as em dois lugares vizinhos livres de modo que, com o menor número de deslocamentos, as moedas sejam organizadas, alternando cara e coroa.

Veja alguns deslocamentos possíveis:

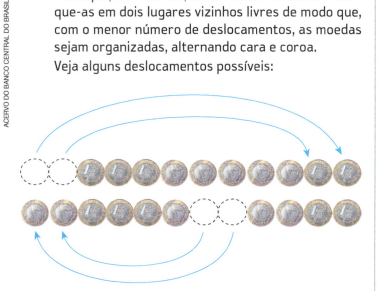

4 AS ENGRENAGENS

Uma máquina tem 4 engrenagens, com 10, 12, 10 e 10 dentes, conforme a figura abaixo.

1ª engrenagem

Quantos giros completos a 1ª engrenagem terá de dar para que as figuras desenhadas no centro de cada engrenagem fiquem na posição original?

PARTE 3

RECORDE

Expressões algébricas
São aquelas formadas por números e letras ou somente por letras. Essas letras são denominadas variáveis.

Monômio
- Monômio é um número ou uma expressão algébrica inteira na qual há apenas multiplicação entre números e letras. Essas letras devem sempre ser expressas na forma de potência com expoentes naturais.
- Monômios que têm a mesma parte literal são chamados de monômios semelhantes.

Operações com monômios
- Para efetuar a adição algébrica de monômios semelhantes, adicionam-se algebricamente os coeficientes e mantém-se a parte literal.
- Para efetuar a multiplicação de monômios, multiplica-se coeficiente por coeficiente e parte literal por parte literal.
- Para efetuar a divisão de monômios, com divisor diferente de zero, divide-se coeficiente por coeficiente e parte literal por parte literal.
- Para efetuar a potência de um monômio, elevam-se o coeficiente e cada fator da parte literal à potência dada.

Polinômio
- Polinômio é uma soma finita de monômios.

Operações com polinômios
- Para efetuar uma adição algébrica de polinômios, fazemos sua indicação, eliminamos os parênteses e reduzimos os termos semelhantes.
- Para multiplicar dois polinômios, multiplicamos cada termo de um deles por todos os termos do outro e adicionamos os novos termos obtidos.
- Para dividir um polinômio por outro, usamos um algoritmo como este:

$$
\begin{array}{r|l}
6x^2 + 7x - 5 & \underline{2x - 1} \\
\underline{-6x^2 + 3x} & 3x + 5 \\
10x - 5 & \\
\underline{-10x + 5} & \\
0 &
\end{array}
$$

Princípio multiplicativo ou princípio fundamental da contagem
Se uma decisão d_1 pode ser tomada de p_1 maneiras diferentes e se, uma vez tomada a decisão d_1, a decisão d_2 puder ser tomada de p_2 maneiras diferentes, então o número de maneiras de se tomarem as decisões d_1 e d_2 é $p_1 \cdot p_2$.

Frações algébricas
Fração algébrica é o quociente de dois polinômios, escrito na forma fracionária, em que aparecem uma ou mais variáveis no denominador.

Exemplos:

- $\dfrac{8a^2 - 16a}{2b + 1}$
- $\dfrac{17}{t^2}$
- $\dfrac{x^2 - 4}{x + 4}$

UNIDADE 7 Cálculo algébrico

1. Expressões algébricas

1. Represente de forma simbólica.

a) a multiplicação de três números consecutivos;

b) o quadrado da diferença de dois números;

c) o quadrado do quociente de dois números;

d) o cubo do produto de dois números;

e) o cubo da soma de dois números.

2. Escreva as sentenças matemáticas que generalizem as igualdades.
Dica: use letras no lugar dos números.

a) $5 + (2 - 3) = -3 + (2 + 5)$

d) $\left(\dfrac{2}{3}\right) = \left(\dfrac{1}{\frac{3}{2}}\right)$

b) $7 \cdot (4 - 3) = 7 \cdot 4 - 7 \cdot 3$

e) $\dfrac{1}{4} + 3 - 2 = 3 - 2 + \dfrac{1}{4}$

c) $15 \cdot (7 \cdot 2) = (15 \cdot 7) \cdot 2$

f) $\left(\dfrac{1}{3}\right) \cdot 6 - 3 = 2 - 3$

3. Calcule o valor numérico da expressão $x^2 - 2 \cdot y + z$ para:

a) $x = 1, y = 2, z = 3$

b) $x = 12, y = 2, z = 3$

c) $x = 3, y = 3, z = 1$

d) $x = 13, y = 4, z = 2$

e) $x = 4, y = 2, z = 1$

f) $x = 2, y = 3, z = 5$

g) $x = 1, y = 5, z = 3$

h) $x = 2, y = 8, z = 1$

4. Escreva uma expressão que represente o perímetro de cada figura geométrica.

a)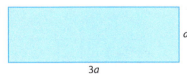

b)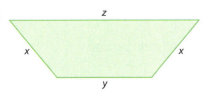

c)

d)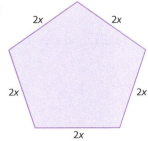

5. Escreva a expressão algébrica que representa cada situação a seguir.

a) Uma caneta custa *x* reais, e um lápis custa *y* reais. Represente a quantia gasta para comprar 2 canetas e 3 lápis.

_____

b) Uma receita de bolo leva *x* gramas de farinha, *y* ovos e *z* gramas de manteiga para ser preparada. Represente o triplo dessa receita.

_____

6. Escreva as expressões algébricas para cada item.

a) A diferença entre o quadrado de um número real *x* e o dobro de um número real *y*.

_____

b) O quociente do quadrado de um número real *x* pelo seu triplo.

_____

c) O produto de um número real *x* pelo quadrado de um número real *y*.

_____

d) O quociente do triplo de um número real *x* pelo dobro do quadrado de um número real *y*.

_____

e) A adição do dobro de um número real *x* com o quadrado de um número real *y*.

_____

7. Alfredo pensou em um número. Multiplicou-o por 5. Depois, subtraiu o triplo desse número mais 3 unidades.

a) Escreva uma expressão que represente essa situação.

b) Sabendo que o resultado obtido foi 21 unidades, determine o número em que Alfredo pensou.

8. (Etec-SP) Eduardo e Mônica estavam brincando de adivinhações com números inteiros positivos.

Ao ouvir a resposta de Mônica, Eduardo imediatamente revelou o número original que Mônica havia pensado.

O número que Mônica havia pensado era um
a) divisor de 12.
b) divisor de 15.
c) divisor de 24.
d) múltiplo de 5.
e) múltiplo de 12.

9. (Obmep) Pedro vende na feira cenouras a R$ 1,00 por quilo e tomates a R$ 1,10 por quilo. Certo dia ele se distraiu, trocou os preços entre si e acabou vendendo 100 quilos de cenoura e 120 quilos de tomate pelos preços trocados. Quanto ele deixou de receber por causa de sua distração?
a) R$ 1,00
b) R$ 2,00
c) R$ 4,00
d) R$ 5,00
e) R$ 6,00

10. Toda sexta-feira, em um restaurante que serve comida por quilograma, apresenta-se um artista que toca violão. Assim, nesse dia a conta a ser paga pelos clientes é composta de uma adição em que:
- para cada quilograma (kg) de comida são cobrados R$ 12,00;
- para cada bebida são cobrados R$ 3,00;
- para as despesas com garçons e o músico é cobrado um valor fixo de R$ 25,50.

a) Escreva uma expressão algébrica que represente a adição cujo resultado é o total a ser pago. Indique por x a quantidade de quilograma (kg) de comida consumida; por y a quantidade de bebida consumida; por P o total a pagar.

b) Qual é o total a ser pago por um cliente que consumiu 900 g de comida e 4 bebidas? Lembre-se de que 1 quilograma equivale a 1.000 gramas.

2. Monômio

1. Leia as frases e identifique a errada.
a) Monômio é uma expressão algébrica inteira na qual há apenas multiplicação entre números e letras. Essas letras devem ser expressas na forma de potência com expoentes naturais.
b) Todo número real não nulo é um monômio sem parte literal.
c) O número zero não é considerado um monômio.
d) Costuma-se omitir o coeficiente 1 dos monômios.
e) O grau de um monômio de coeficiente não nulo é a soma dos expoentes das variáveis.
f) Um número real não nulo é um monômio de grau zero.
g) Não se define grau para monômio nulo.

2. Identifique o coeficiente e a parte literal dos monômios e complete o quadro a seguir.

Monômio	Coeficiente	Parte literal
$2x$		
$3y^2$		
$-5xy$		
$-8a^3b^2$		
xyz		
4		

3. Escreva o monômio para cada caso.

a) Número de bananas de b dúzias de bananas: _____

b) Preço x de n canetinhas hidrográficas: _____

c) Número de bolas de tênis em y embalagens de 3 unidades: _____

d) Preço de m pacotes de biscoitos, sabendo que cada pacote custa b: _____

e) Número de pontos em m dados, sabendo que a soma de pontos em cada dado é 21.
_____

4. Observe os monômios e responda às questões.

$-8x^2y$ $abcd$ $11k$ $6x^5y^4z^3q^2s$ $-12b$

a) Qual é o monômio de maior grau? _____

b) Quais são os monômios de menor grau? _____

c) Qual é o monômio de maior coeficiente? _____

d) Qual é o monômio de menor coeficiente? _____

5. Escreva o monômio que representa o perímetro das figuras.

a)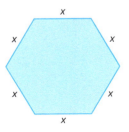

b)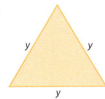

_____ _____

6. Escreva a expressão algébrica que representa a área da figura.

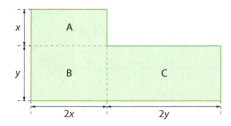

7. Analise os monômios do quadro abaixo e responda às questões.

A	B	C	D
$-2x^3y^2z$	$4xy^2$	xy^2	$2x^3y^2z$

a) Quais monômios têm o mesmo coeficiente? _____

b) Quais são semelhantes? _____

c) Quais têm o maior grau? _____

8. Responda às questões.

a) Um monômio é semelhante ao monômio $-2a^4b^3c^2d$ e tem coeficiente 5. Qual é esse monômio?

b) Qual monômio é semelhante ao monômio $6x^5y^3$ e tem coeficiente $\frac{2}{5}$?

9. Todos os blocos representados na figura abaixo têm a mesma dimensão, com arestas medindo x, y e z. Represente por um monômio o volume de cada parte colorida da figura.

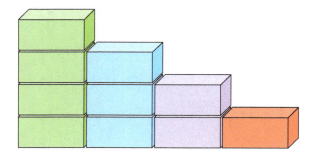

3. Operações com monômios

1. No quadro a seguir, efetue as adições algébricas e identifique o grau do monômio resultante.

Monômio	Resultado	Grau
$2xy + 3xy - 5xy + 4xy - xy$		
$-xy^2 + 7xy^2 - 3xy^2$		
$\frac{1}{5}ab + \frac{2}{5}ab$		
$-7x^2 - 2x^2 + 5x^2$		
$\frac{3}{7}a^3b + \frac{1}{2}a^3b - \frac{1}{7}a^3b$		
$3x^5y^3 - 2x^5y^3 + 4x^5y^3$		
$-11x^2yz^3 - 2x^2yz^3 + 5x^2yz^3$		
$\frac{7}{3}xy - \frac{1}{5}xy - 2xy$		

2. O perímetro de cada figura a seguir pode ser obtido por meio de uma adição algébrica de monômios. Escreva o resultado dessa adição em cada caso, determinando, assim, o perímetro das figuras.

a)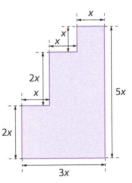

b)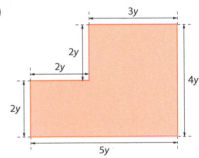

3. Os polígonos abaixo têm o mesmo perímetro. Calcule o valor de x em centímetro.

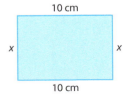 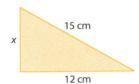

4. Em cada item, simplifique a expressão algébrica e determine o valor numérico da expressão resultante para $x = 2$ e $y = 3$.

a) $\frac{1}{3}x^2y + \frac{1}{2}x^2y$

b) $5xy^2 + 2xy^2 - 3xy^2$

c) $0,5xy - 0,3xy + 0,8xy - 0,1xy$

d) $\frac{1}{2}x^2y + \frac{1}{6}x^2y + \frac{1}{3}x^2y + \frac{1}{4}x^2y$

e) $2x^2 + 3y^2 - 2y^2 - x^2$

5. Tais escreveu seu nome em uma malha quadriculada e já coloriu algumas letras com lápis de cor. Considerando *x* a medida do lado de cada quadradinho da malha, faça o que se pede

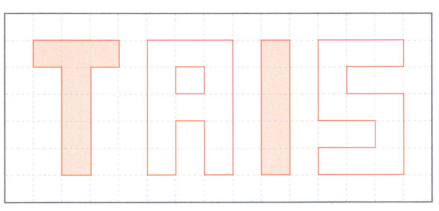

a) Escreva o monômio que representa o perímetro da letra T.

b) Escreva o monômio que representa a área total das letras que ainda não foram coloridas por lápis de cor.

c) Se *x* assumir o valor igual a 3 centímetros, qual será a área total dessas letras desenhadas na malha?

6. Efetue as multiplicações de monômios.

a) $ab \cdot ab \cdot ab \cdot 2ab =$ _____

b) $2x \cdot 3x \cdot 4x =$ _____

c) $2x^2y \cdot 2x^2y \cdot 3x^2y \cdot (-x^2y) =$ _____

d) $(2y)^2 \cdot (3y)^2 \cdot (-y)^2 =$ _____

e) $4x^4y^3z^2 \cdot 2x^4y^3z^2 \cdot 3x^4y^3z^2 \cdot 5x^4y^3z^2 =$ _____

f) $12ab \cdot 3ab \cdot 5ab \cdot (-3ab) =$ _____

g) $(xy)^2 \cdot (-3xy)^2 \cdot (-2xy)^2 =$ _____

h) $(xy)^3 \cdot (xy)^2 \cdot (-xy)^3 \cdot (xy)^2 =$ _____

i) $(4a^2bc) \cdot (2ab^2c^2) \cdot (ab^2c^3) =$ _____

j) $2ab^3c \cdot 3a^2bc \cdot 2abc^4 \cdot (-abc) \cdot (-abc) =$ _____

7. Responda às questões.

a) Qual é o monômio que multiplicado por $2x^2$ resulta em $-18x^5$?

b) Qual é o monômio que multiplicado por $5x^3$ resulta em $10x^7$?

c) Qual é o monômio que multiplicado por $8x^2y^3$ resulta em $-32x^5y^4$?

d) Qual é o monômio que multiplicado por $7x^3y^2$ resulta em $35x^7y^4$?

e) Qual é o monômio que multiplicado por $4xy^2z^4$ resulta em $8x^2y^4z^7$?

8. Determine o monômio que representa a área dos retângulos abaixo.

a)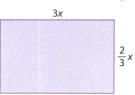

b)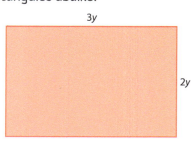

9. Resolva os problemas a seguir.

a) A bandeira de um país imaginário tem as dimensões indicadas abaixo. Determine o monômio que representa a área de cada uma das três faixas e depois o monômio que representa a área total da bandeira.

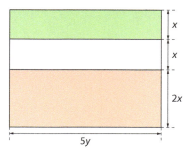

b) Determine o monômio que representa o volume do paralelepípedo a seguir.

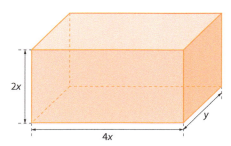

c) Na figura abaixo, cada quadradinho tem lado de medida $3a$. Determine a área total dos quadradinhos azuis e dos amarelos e a área total da figura.

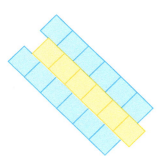

d) Sabendo que o volume do cubo verde é $8a^3$ e que ele representa $\frac{2}{3}$ do volume do cubo azul, determine o volume do cubo azul.

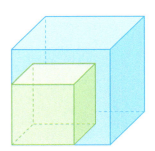

10. O volume do cubo menor equivale a $\frac{1}{8}$ do volume do cubo maior.

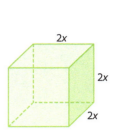
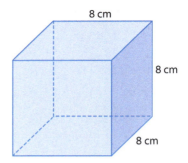

a) Represente o volume do cubo menor por meio de um monômio.

b) Qual é o valor de x?

11. Efetue as divisões a seguir.

a) $(20a^4) : (5a)$

b) $(18b^7) : (9b^3)$

c) $(-15a^4b^7) : (3a^2b^5)$

d) $\left(-\frac{5}{2}x^8y^2\right) : \left(-\frac{1}{2}x^3y\right)$

e) $(9x^9y^2z^4) : (-3x^5yz^2)$

f) $\left(-\frac{7}{5}x^3y^6z^8\right) : \left(\frac{3}{10}x^2y^4z\right)$

g) $(x^{12}y^{15}z^{21}) : (x^5y^7z^{18})$

h) $(21x^{10}y^{11}z^9) : (0,3x^8y^9z^7)$

12. Responda ao que se pede.

a) Qual é o monômio que dividido por $2ab$ resulta em $2ab$?

b) Qual é o monômio que dividido por $5xyz$ resulta em $4x^2yz^3$?

c) Qual é o monômio que dividido por $2k^3w$ resulta em $-4k^5w^2$?

d) Qual é o monômio que dividido por $9a^2b^2c$ resulta em $3a^4b^3c^2$?

13. Escreva na forma mais simplificada possível.

a) $(-x^3y^2 + 2x^3y^2 - 3x^3y^2 + 8x^3y^2) : (-2x^2y)$

b) $(15x^6y^4z^3 + 5x^6y^4z^3 - 3x^6y^4z^3 - 5x^6y^4z^3) : (-6x^2yz^2) \cdot (-3x^4y^3z^2)$

c) $\left(-\dfrac{2}{7}x^{12}y^8 + \dfrac{5}{7}x^{12}y^8 - \dfrac{4}{7}x^{12}y^8 + 2x^{12}y^8\right) : \left(-\dfrac{13}{7}x^5y^2\right) \cdot \left(-8x^2y^2\right)$

d) $(-18x^4y^2 + 12x^4y^2 + 20x^4y^2 + 6x^4y^2) : (-2x^3y) \cdot (0{,}5x^2y^2)$

e) $\left(\dfrac{1}{5}x^{10}y^7 + \dfrac{1}{2}x^{10}y^7 - \dfrac{2}{5}x^{10}y^7 + 2x^{10}y^7\right) : \left(\dfrac{5}{10}x^5y^4\right) \cdot \left(5xy^3\right)$

f) $(10x^3y^2z^2 + 4x^3y^2z^2 - 2x^3y^2z^2 - 2x^3y^2z^2) \cdot (-2x^3y^3z^3) : (-5x^2y^2z^2)$

14. Efetue a potenciação dos monômios.

a) $(-4x^2y^3)^2$

b) $(3x^3y^4z^5)^4$

c) $(6a^4b^7c^2)^2$

d) $(-3ab^5c^3d^2)^3$

e) $\left(-\dfrac{1}{2}x^7y^4z^3\right)^2$

f) $2(2x^3y^2z^6)^5$

g) $\left(-\dfrac{4}{3}a^3b^2c^9\right)^3$

h) $\left(\dfrac{2}{5}a^4b^3c^6\right)^4$

i) $(-35k^{11}l^{15}m^{21}n^{45})^0$

j) $\left(-\dfrac{19}{21}x^9y^8z^7\right)^1$

15. Ao efetuar a potenciação $(-2x^4)^2$, um aluno encontrou como solução $4x^6$. Ele encontrou o resultado correto? Em caso negativo, aponte o erro cometido na resolução e forneça a resposta correta.

16. Efetue as operações indicadas, simplificando a expressão.

a) $(-2a^2b + 3a^2b)^2 : (2ab) \cdot (3a^2b^3)^2$

b) $\left(-\dfrac{2}{3}a^3b^2 + \dfrac{3}{4}a^3b^2\right)^2 : \left(\dfrac{1}{2}ab\right) \cdot (3a^6b^2)^2$

c) $(0{,}4x^2y + 0{,}1x^2y)^3 : (5x^2y) \cdot (2x^2y^3)^2$

d) $\left(\dfrac{1}{3}x^3y^2z^4 + \dfrac{1}{2}x^3y^2z^4\right)^3 : \left(\dfrac{5}{6}x^2yz^2\right)^2 \cdot \left(\dfrac{1}{4}x^2y^3z\right)^2$

17. Determine o monômio obtido da seguinte forma: elevando o monômio $(-4x^3)$ ao cubo, dividindo esse resultado pelo monômio $(-16x^5)$ e elevando o resultado ao quadrado.

18. Determine o monômio Y, sabendo que elevando esse monômio ao cubo obtemos $343x^9$.

19. Responda às questões a seguir.
  a) Qual é o monômio que elevado ao quadrado resulta em $144a^4b^6c^4$?

  b) Qual é o monômio que elevado ao cubo resulta em $-27x^{15}y^{12}$?

  c) Qual é o monômio que somado a ele mesmo e elevado à quarta potência resulta em $256m^8n^{12}o^{16}$?

4. Polinômio

1. Escreva o polinômio que representa cada situação.

a) Um caderno custa x reais, e um livro custa y reais. Paulo comprou um livro e cinco cadernos.

b) Um litro de água de coco custa x reais, e um sanduíche natural custa y reais. Fernanda comprou 1 litro de água de coco e 2 sanduíches naturais.

c) O perímetro da figura abaixo, sabendo que cada lado dos quadrados azuis mede x e o lado maior dos retângulos verdes mede y.

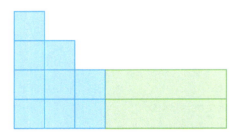

d) A área da figura abaixo.

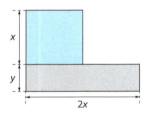

e) O comprimento do segmento de reta $\overline{AB}$.

f) O volume de cada sólido abaixo.

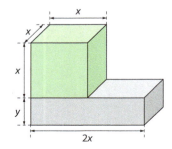

2. Escreva na forma reduzida os polinômios abaixo.

a) $4x^3 + (x^2 + 2x + 2) + (3x^2 - 5x + 5) - (2x^2 - 2x - 3)$

b) $(a^2 + 2b + 5) - (4a^2 - b + 1) - (3a^2 - 2b + 5)$

c) $(6a^2 - 3b + 6) - (2a^2 + 2b + 1) + (a^2 - 8b + 7)$

d) $2x^4 + (x^3 + 4x^2 + 3x - 2) - (5x^4 + 2x^3 + 3x^2 - 8) - (x^4 - 2x^3 - 4x^2 + x)$

3. A figura a seguir é um triângulo isósceles. Considerando as medidas indicadas, responda às questões.

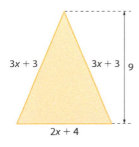

a) Qual é o perímetro desse triângulo?

b) Qual é a área desse triângulo?

4. Complete o quadro com o termo independente de cada polinômio.

Polinômio	Termo independente
$2x^3y^2 + 3x^2 - x + 5$	
$4x^2y - x - 3$	
$-x^4 + 5x^3 + x - 2$	
$x - 4$	

5. Determine o perímetro das figuras a seguir.

a)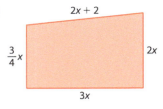

c)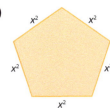

b)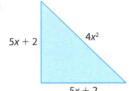

d)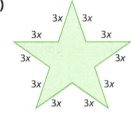

6. Traduza as situações a seguir em polinômios.

a) Maria Paula comprou 3 saquinhos de pipocas ao custo de x reais cada um. Ela deu uma cédula de R$ 10,00. Que polinômio representa o troco que Maria Paula deve receber?

b) Fernando comprou uma bicicleta por R$ 90,00, dando duas notas de y reais para pagá-la. Que polinômio representa o troco de Fernando?

5. Adição algébrica de polinômios

1. Dados os polinômios a seguir, calcule as operações em cada item.

$A = 4x^2 + 3x - 2$

$B = -7x^2 - 5$

$C = 5x^3 + 2x^2 - x + 2$

a) $A + C =$

b) $A - B + C =$

c) $B - A + C =$

d) $B - (A + C) =$

e) $B - A =$

f) $-(C + B) + A =$

2. Efetue.

a) $(2x + 4y - 5z + 2) - (5x - y - z - 1)$

b) $(3x^2 - 2x + 6) + (-x^2 - 2x - 5)$

c) $\left(\dfrac{3}{4}x^2 + \dfrac{2}{3}x + \dfrac{1}{5}\right) - \left(\dfrac{1}{4}x^2 - \dfrac{1}{3}x + \dfrac{3}{5}\right)$

d) $\left(\dfrac{3}{8}a^2 - \dfrac{2}{9}a - 5\right) + \left(\dfrac{1}{4}a^2 + \dfrac{7}{18}a + 8\right)$

e) $\left(\dfrac{1}{5}x^2y + \dfrac{2}{3}xy^2 - \dfrac{1}{2}xy + \dfrac{1}{4}\right) + \left(\dfrac{2}{4}x^2y - \dfrac{1}{6}xy^2 - \dfrac{1}{2}xy + \dfrac{1}{6}\right)$

f) $(15wz^2 + 10w^2z - 4wz + 4w + z) - (5wz^2 + 2w^2z - 3wz - 2w - z)$

g) $(2x^4y^3z^2w + 4x^3y^2 + 5x^4y^3z^2w) - (x^3y^2 - 5x^4y^3z^2w - 3x^3y^2)$

3. Complete o quadro de modo que as igualdades sejam verdadeiras.

Primeiro termo	Operação	Segundo termo	=	Resultado
$2x - 4y + 2$	+		=	$5x - 5y + 5$
$x^2 + x - 5$	-		=	$-2x^2$
$x^2y - xy^2$	+		=	$5x^2y - 4xy^2$
$6x - 3y + 4$	-		=	$5x - 5y + 8$
$-8xyz - 4xy - 2z$	+		=	$-4xyz - 2xy - 3z$

4. Antônio pesquisou em duas lojas o preço de uma moto que ele quer financiar. Na loja A, ele teria que dar de entrada $4x$ reais e assumiria mais 12 prestações de y reais. Na loja B, ele daria de entrada $5x$ reais e assumiria mais 18 prestações de y reais. Determine o polinômio que representa essa diferença de preços. Em qual loja o preço da moto seria menor?

5. Determine o perímetro de cada figura.

a)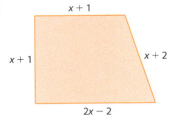

b)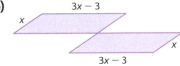

6. Fernando construirá uma piscina conforme o esquema abaixo. Determine o perímetro dessa piscina.

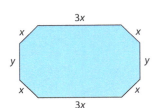

7. Sabendo que o perímetro do triângulo vermelho é igual ao do verde, faça o que se pede.

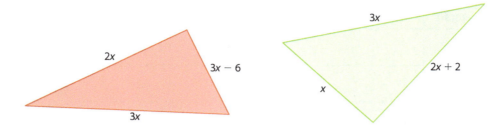

a) Represente o perímetro de cada triângulo por um polinômio.

b) Qual é o valor de x?

c) Qual é o valor do perímetro das figuras, em centímetro?

8. Verônica escolheu a atividade ao lado para sua amiga resolver.
  a) Represente por um monômio ou um polinômio cada medida dos lados do triângulo dessa atividade.

  b) Quais são as medidas dos lados desse triângulo?

Um triângulo isósceles tem dois lados cuja medida é igual a x. A medida do terceiro lado é igual à medida de um desses dois lados mais 30 unidades. Sabendo que seu perímetro é igual a 150 cm, determine a medida dos lados desse triângulo.

9. O triângulo abaixo tem seus lados representados por polinômios. Sabendo que o perímetro é igual a 225 cm, determine as medidas dos lados desse triângulo.

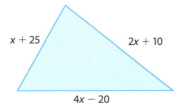

6. Multiplicação de polinômios

1. Determine os produtos escrevendo o resultado na forma reduzida.

a) $(2x - 1) \cdot (3x + 2)$

b) $(-x - 1) \cdot (2x + 5)$

c) $(x + 8) \cdot (5x + 2) \cdot (x - 3)$

d) $(a^2 + 4) \cdot (-2a + 1) \cdot (3a - 2)$

e) $(3x^2y - 2xy^2) \cdot (3x)$

f) $\left(\dfrac{1}{2}x^2 - 2x\right) \cdot (2x - 6)$

g) $\left(\dfrac{5}{4}y + 2x\right) \cdot \left(4y - \dfrac{3}{2}x\right)$

h) $(2x^2y - 4xy^2) \cdot (3x^2y - xy^2)$

2. Verifique se a multiplicação de polinômios abaixo está correta. Em caso negativo, corrija o erro.

$(a^2 + a) \cdot (2a^3 - 4a + 4) = 2a^5 - 4a^3 + 4a^2 + 2a^4 - 4a^2 + 4a =$
$= 2a^5 + 2a^4 - 4a^3 + 8a^2 + 4a$

3. Calcule as operações com os polinômios:

$A = 3x + 5$ $B = 4x$ $C = x - 2$

a) $A \cdot B \cdot C$

c) $3 \cdot (B - A) \cdot C$

b) $B \cdot (A - C)$

d) $(B + C) \cdot 2A$

4. Responda às questões.

a) Fabiana adicionou $3x + 1$ com $2x + 2$ e depois multiplicou o resultado pelo dobro dele mesmo. Que polinômio ela obteve?

b) Fernando efetuou a operação $(x + 1)^4$. Que resultado ele obteve?

5. Escreva a forma reduzida dos produtos.

a) $(x^2 - 1) \cdot (x + 1)$

d) $(x + 2)^2 \cdot (4x^2 - 3x - 5)$

b) $(2x + 4) \cdot (x^2 + 2)$

e) $(x + 3)^2 \cdot (2x^2 - 2)$

c) $(x + 1)^2 \cdot (x - 1)$

f) $(y + 2)^2 \cdot (2y + 3)^2$

6. Escreva o polinômio que representa a área de cada figura abaixo.

a)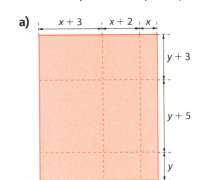

b)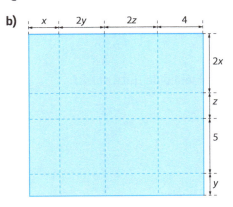

7. Escreva a área de cada quadrilátero que compõe a figura colorida e depois a área total.

a)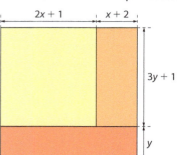

b)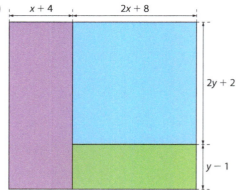

8. (Saresp) A expressão: $(3x - 2) \cdot 4y$ é equivalente a:
   a) $12xy - 2$
   b) $4xy$
   c) $12xy - 8y$
   d) $3x - 8y$

9. Observe os polinômios que um grupo de amigos escolheu.

| Yuri \| $2x + y$ | Rute \| $4x - 2y$ | Ricardo \| $-5x + 4$ | Yasmin \| $-3y - 10$ |

a) Qual é a soma desses polinômios?

b) Qual é a divisão do polinômio de Rute por 2?

c) Qual é o valor do quadrado do polinômio de Yuri?

7. Divisão de polinômios

1. Efetue as divisões.

a) $(a^3b^2 - 2a^2b^2 + 4ab) : (2ab)$

b) $(6a^6b^4 + 4a^4b^3 - 2a^2b) : (-4a^2b)$

c) $(14a^8b^6 + 7a^5b^5 - 21a^4b^3) : (7a^3b^2)$

d) $(x^4 - 1) : (x^2 - 1)$

e) $(12x^2 + 26x - 14) : (6x - 2)$

f) $(16x^3 + 28x^2 - 6x + 18) : (4x - 3)$

g) $(8x^3 - 4x^2 - 12x + 8) : (2x + 2)$

h) $(15x^6 + 6x^4 + 25) : (5x^2 + 2)$

2. Dividindo a área de um retângulo por sua altura, obtemos seu comprimento. Observe o retângulo abaixo e determine o polinômio que representa seu comprimento.

$A = 6y^2 + 13y + 6$ $h = 2y + 3$

3. Escreva na forma reduzida os polinômios abaixo.

a) $(2x^4 + 2x^3 + 4x^2 + 4x) : (x^2 + x)$

b) $(16y^3 - 8y^2 - 4y + 2) : (4y - 2)$

4. Sendo os polinômios: $A = 2x^3 - 8x^2 + 6x$, $B = x - 3$, $C = x - 1$ e $D = 3x^2 - 3x$, encontre o quociente Q e o resto R para as divisões abaixo.

a) $A : B$

c) $D : C$

b) $B : C$

d) $D : B$

5. Simplifique as expressões.

a) $\dfrac{x^7 - x^6 - x^5 + x^4 - x^3}{x^3}$

b) $\dfrac{6a^8b^4c^6 - 4a^3b^5c^4 + 8a^2b^3c^5 + 4a^2b^3c^2}{2a^2b^3c^2}$

6. Determine o polinômio A em cada caso:

a) $A : (x + 2) = (x + 4)$?

c) $A : (2x - 2) = (3x + 6)$?

b) $A : (x + 1) = (2x - 3)$?

d) $A : (x - 3) = (x + 3)$?

7. Identifique as divisões exatas e as não exatas.

a) $(4x^2 - 2x + 4) : (x - 2)$

c) $(12x^2 - 2x - 2) : (2x - 1)$

b) $(10x^2 - 5x - 25) : (2x + 5)$

d) $(2x^2 + 6x + 5) : (x + 1)$

8. Observe o exercício que três amigos estavam resolvendo, referente ao conteúdo de divisão de polinômios.

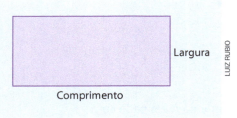

Considere o retângulo da figura abaixo. Dividindo a área do retângulo pela medida do seu comprimento, obtém-se a medida da largura. Escreva uma expressão que represente a medida da largura desse retângulo, sabendo que sua área é representada pelo polinômio $40x^2 + 8x - 6$, e o comprimento, por $10x - 3$.

Cada um dos amigos encontrou uma expressão diferente para representar a medida da largura do retângulo, conforme os diálogos:

Jéssica: Eu encontrei $3x + 2$.
Ivan: Pelos meus cálculos, a expressão é $4x - 1$.
Magda: O resultado é $4x + 2$.

Qual dos três amigos resolveu corretamente o exercício?

9. Leonardo desenhou, na lousa, um cubo, e Amanda, um bloco retangular.

a) Escreva uma expressão que represente o volume do cubo e outra que represente o volume do bloco retangular.

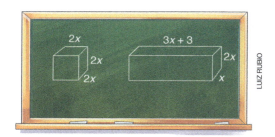

b) Qual é o resultado da divisão do polinômio que representa o volume do bloco retangular por $6x^2$?

UNIDADE 8 Problemas de contagem

1. Princípio multiplicativo ou princípio fundamental da contagem

1. O professor de Júlio propôs uma prova com 4 questões em que deveria ser assinalado verdadeiro ou falso.
Sabendo que a primeira questão é verdadeira, faça o que se pede.

a) Monte uma árvore de possibilidades de respostas para essa prova.

b) De acordo com a árvore que você construiu, uma das possibilidades de resposta é VVVV (todas verdadeiras). Quantas possibilidades de respostas existem para as 4 questões da prova?

c) Escreva todas as possibilidades para as 4 questões.

d) Supondo que Júlio sabia que a 2ª questão era falsa, quantas possibilidades Júlio ainda teria para a escolha das duas últimas questões?

2. Em uma sorveteria há as seguintes opções de pote: copo de plástico ou casquinha de sorvete. Os sabores de sorvete são: morango, creme, chocolate e flocos.

   a) Faça uma árvore de possibilidades para a escolha de um tipo de pote com dois sabores de sorvete.

   b) Escreva a operação para determinar a quantidade de escolhas possíveis para um tipo de pote e dois tipos de sorvetes.

3. Uma escola tem os seguintes uniformes de verão para os alunos:
   - camiseta curta branca ou azul;
   - camiseta regata azul;
   - bermuda cinza, azul ou branca;

   Considerando o uso de uma camiseta e de uma bermuda, de quantas maneiras diferentes um aluno pode se vestir?

4. Crie uma situação em que você possa fazer uma árvore de possibilidades para representar as combinações possíveis.

2. Problemas que envolvem o princípio fundamental da contagem

1. Existem quantos números ímpares de:
a) 3 algarismos?

b) 3 algarismos iguais?

2. Quantos são os anagramas da palavra AMAR?

3. Cinco amigos vão viajar em um carro em que cabem 5 pessoas. Todos eles são habilitados para dirigir e podem ocupar qualquer lugar no carro. De quantos modos diferentes eles podem se organizar no carro para fazer essa viagem?

4. Crie um problema que envolva o princípio fundamental da contagem.

UNIDADE 9 Frações algébricas

1. Frações algébricas

1. Identifique a expressão que representa uma fração algébrica.

a) $\dfrac{\sqrt{5} - y}{3}$

b) $\dfrac{27}{5}$

c) $\dfrac{x + 7}{x - 2}$

d) $\dfrac{15}{\sqrt{3}}$

e) $\dfrac{4x}{5}$

2. Qual é o valor que x não pode assumir na fração algébrica da atividade anterior?

3. Interprete os problemas e escreva as expressões algébricas que representam cada situação.

a) Uma moto percorre 250 km com x litros de combustível. Quantos quilômetros essa moto faz por litro de combustível?

b) Fernando dividiu, igualmente, 300 figurinhas repetidas entre seus x amigos. Quantas figurinhas cada um recebeu?

c) Márcia pagou 5 reais por x metros de tecido para fazer um vestido. Qual é a fração algébrica que representa o valor pago por metro de tecido?

4. Determine os valores que x não pode assumir nas frações algébricas.

a) $\dfrac{x+5}{x^2-4}$

b) $\dfrac{2x^2-7x+5}{x^2-9}$

c) $\dfrac{x^2+2x+1}{x(x-6)}$

d) $\dfrac{3x+15}{(x-4)^2}$

e) $\dfrac{3x^2+8x+4}{2x+10}$

f) $\dfrac{x^2+3x-4}{(3x+1)^3}$

5. Calcule o valor numérico das frações algébricas para os valores de x e y dados.

a) $\dfrac{8xy+2x^2}{x+y}$, para $x=1$ e $y=2$

b) $\dfrac{x^2-2x^2y}{x^2}$, para $x=2$ e $y=3$

c) $\dfrac{x^3-3x^2y+4xy^2}{x^2-y^2}$, para $x=4$ e $y=2$

d) $\dfrac{(x+4)^2}{(y-2)^2}$, para $x=6$ e $y=7$

6. Ao calcular o valor numérico da fração algébrica $\dfrac{2a-1}{4a^2-1}$ para $a = \dfrac{1}{2}$, Luís fez assim:

$$\dfrac{2a-1}{4a^2-1} = \dfrac{\cancel{2a-1}}{\cancel{(2a-1)}(2a+1)} = \dfrac{1}{\left(2 \cdot \dfrac{1}{2}+1\right)} = \dfrac{1}{1+1} = \dfrac{1}{2}$$

O cálculo de Luís está correto? Justifique.

7. Fatore as expressões abaixo.

a) $2xa^2 - 4x^2a + 14x^2a^3$

b) $25a^2 - 4a^2b^2$

8. Simplifique as frações algébricas.

a) $\dfrac{49x^7y^6}{7x^2y^3}$

d) $\dfrac{9x^4 - 12x^8}{3x^3}$

b) $\dfrac{15a^4b^3 - 5a^8b^4}{5a^2b^2}$

e) $\dfrac{36x^{12}y^9 + 24x^7y^6}{12x^5y^4}$

c) $\dfrac{22x^5y^7 + 44x^8y^9 - 11x^6y^5}{11x^4y^2}$

f) $\dfrac{45a^{11}b^{13} - 30a^9b^6 + 15a^{10}b^8}{15a^7b^5}$

9. Identifique a fração algébrica equivalente a $\dfrac{x^2 + 1 - 2x}{5x - 5}$.

a) $\dfrac{5}{x - 1}$

b) $\dfrac{5}{x + 1}$

c) $\dfrac{x - 1}{5}$

d) $\dfrac{x + 1}{5}$

10. Escreva uma fração algébrica equivalente a $\dfrac{1}{x + y}$.

11. Simplifique as frações e calcule o valor numérico conforme indicado.

a) $\dfrac{4x^2 - 9}{4x^2 + 12x + 9}$, se $x = 5$

b) $\dfrac{x^2 - 4y^2}{x - 2y}$, se $x = -2$ e $y = 3$

c) $\dfrac{(9x^2 + 24xy + 16y^2) \cdot (16x^2 + 24xy + 9y^2)}{(3x + 4y)(4x + 3y) \cdot (10x^2 + 20xy + 10y^2)}$, se $x = 1$ e $y = -2$

12. Simplifique a expressão abaixo, com $x \neq 3$.
$$\frac{2(x-2)(x-3)^3 - 3(x-2)^2(x-3)^2}{(x-3)^3}$$

13. Simplifique a expressão abaixo, com $x \neq \pm y$.
$$\frac{x^2 + 2xy + y^2}{x^2 - y^2} : \frac{x-y}{x+y}$$

2. Adição e subtração com frações algébricas

1. Determine o mmc dos polinômios.

a) $6x$ e $2x^2$

b) $4y^2$ e $5y^2$

c) $4a^6b^3$ e $2a^2b$

d) $7a^8b^5$ e $3a^3b^2$

e) $5x - x^2$ e $25 - x^2$

g) $9x^2 - 9$ e $3x - 3$

f) $a^2 - 4$ e $2a + 4$

h) $25ab - 5b$ e $25a^2 - 1$

2. Analise os polinômios e responda às questões.

$$6ab - 18b \qquad 5a^2 - 30a + 45$$

a) Qual é a forma fatorada de cada um deles?

b) Qual é o menor múltiplo comum entre eles?

3. Determine o valor numérico do mmc de $(8xy - 16x)$ e $(y - 2)^2$ para $x = 3$ e $y = 4$.

4. Determine o valor numérico do mmc de $(21ab + 63b)$ e $(7a^2 + 42a + 63)$ para $a = -2$ e $b = 1$.

5. Efetue as adições, simplificando se possível.

a) $\dfrac{2}{x} - \dfrac{4x}{3}$

b) $\dfrac{5x}{3x} + \dfrac{4y}{3y}$

c) $\dfrac{2a}{a-b} - \dfrac{6b}{a-b}$

d) $\dfrac{x-2}{x+4} - \dfrac{x+4}{x-2}$

e) $\dfrac{6y+2x}{3y} - \dfrac{2y+6x}{2x}$

f) $\dfrac{b}{b+1} + \dfrac{a}{b^2+b}$

g) $\dfrac{x}{x^2+xy} + \dfrac{y}{xy+y^2}$

h) $\dfrac{a+1}{a-1} + \dfrac{a^2}{a^2-1} + \dfrac{2a}{a+1}$

6. A quantidade de figurinhas de Manuela é 5x, a de Pedro é 3x e a de Fátima é 2x. O mmc entre essas quantidades de figurinhas é 300. Quantas figurinhas cada um tem?

7. Calcule e simplifique, se for possível.

$$\frac{3a+6}{3a-3} + \frac{2a+1}{a-1}$$

8. Encontre o valor numérico da fração algébrica acima para $a = 2$.

9. Sendo $A = \dfrac{2}{x+2}$ e $B = \dfrac{2x}{x^2-4}$, efetue as operações.

a) $A + B$

b) $B - A$

c) $A - B$

d) $\dfrac{A}{2} + B$

10. Responda às questões.

a) Que fração algébrica deve ser adicionada a $\dfrac{3}{x}$ para resultar na fração $\dfrac{8}{x}$?

b) Que fração algébrica deve ser subtraída de $\dfrac{x+1}{x^2}$ para resultar na fração $\dfrac{1-x}{x^2}$?

c) Que fração algébrica deve ser adicionada a $\dfrac{x-3}{xy}$ para resultar na fração $\dfrac{x^2-4x+1}{x^2y}$?

d) Que fração algébrica deve ser adicionada a $\dfrac{x+1}{x^2-1}$ para resultar na fração $\dfrac{2}{x+1}$?

e) Que fração algébrica deve ser subtraída de $\dfrac{3}{(2x+2)^2}$ para resultar na fração $\dfrac{1}{2(x^2+2x+1)}$?

3. Multiplicação e divisão com frações algébricas

1. Efetue as multiplicações.

a) $\dfrac{2a}{3b} \cdot \dfrac{3a}{2b}$

b) $\dfrac{5x}{y} \cdot \dfrac{2y}{4x^2}$

c) $\dfrac{2ax}{y^2} \cdot \dfrac{y^3}{a^2 x}$

d) $\dfrac{x-2}{x^3-x^2} \cdot \dfrac{x-1}{x^3-2x^2}$

e) $\dfrac{4a}{b^4} \cdot \dfrac{1}{3c} \cdot \dfrac{3b^6}{2a^3}$

f) $\dfrac{4x^2}{y^3} \cdot \dfrac{3z^3}{4x^4} \cdot \dfrac{2y^7}{3x}$

g) $\dfrac{7x^4 y^3}{6z^4} \cdot \dfrac{3z^2 y^3}{14x^2} \cdot \dfrac{2zx}{y^2}$

h) $\dfrac{a^{-1} b^{-3} c^7}{4b^2} \cdot \dfrac{2b^5 c^{-4}}{a^{-2} c^3}$

2. Se multiplicarmos a fração K pela fração $\dfrac{2x}{x+y}$, obteremos como resultado $\dfrac{2y}{3x^3}$. Determine a fração K.

3. Encontre o valor numérico da fração algébrica K da atividade anterior para $x = 1$ e $y = 3$.

4. Simplifique a expressão $\left(\dfrac{5}{x+1} - \dfrac{3}{x+1}\right) \cdot \left(\dfrac{x+1}{6} + \dfrac{x+1}{3}\right)$.

5. Observando a expressão da atividade anterior, qual valor x não pode assumir?

6. Efetue as divisões.

a) $\dfrac{4x}{y^2} : \dfrac{y^2}{2x^2}$

b) $\dfrac{12x^5y^3}{10w^8z^9} : \dfrac{4x^2y}{5w^6z^5}$

c) $\dfrac{4a^3b^5}{9c^9d^3} : \dfrac{2ab^2}{3c^6d}$

d) $\dfrac{(x+1)^2}{(x-1)^2} : \dfrac{(4x+4)^2}{(2x-2)^2}$

e) $\dfrac{ab}{a^2-b^2} : \dfrac{b}{a-b} : \dfrac{4b}{3(a+b)}$

f) $\dfrac{2xy}{x^2-y^2} : \dfrac{8x^2}{xy+y^2}$

g) $\dfrac{x^2}{x^2-1} : \dfrac{x}{(x+1)^2}$

h) $\dfrac{x^4y^4}{x^2-2xy+y^2} : \dfrac{x^4y^2}{x^2-y^2} : \dfrac{2y^3}{x-y}$

7. Simplifique as expressões.

a) $\dfrac{x+y}{x-y} \cdot \dfrac{y}{(x+y)^2} : \dfrac{1}{x+y}$

b) $\dfrac{b^2}{b+1} : \dfrac{b^2}{b^2-1} \cdot \dfrac{(b+1)^2}{b+1}$

c) $\left(\dfrac{1}{x}+\dfrac{1}{y}\right) : \left(\dfrac{1}{x^2}+\dfrac{1}{y^2}\right) \cdot \dfrac{x^2+y^2}{x+y}$

d) $\dfrac{(x-1)^2}{(x+1)^2} : \dfrac{(2x-2)^2}{(4x+4)^2} \cdot \dfrac{2x+2}{x^2-1}$

e) $\dfrac{y-1}{y-2} : \dfrac{5}{y^2-4} : (5y-5)$

f) $\dfrac{x^3-4x^2+x-4}{2x^2y+2y} : \dfrac{x^2-16}{4y^2}$

g) $\left(\dfrac{x}{x+2}-\dfrac{3}{x+2}\right) : \left(\dfrac{x^2-5x+6}{x^2+x-6}\right)$

h) $\dfrac{a^2-9}{a^2+3a+ab+3b} : \dfrac{(a+3)(a-3)}{a^2+2ab+b^2}$

PROGRAMA DE RESOLUÇÃO DE PROBLEMAS — PARTE 3

ESTRATÉGIA PARA CONHECER

Resolver de trás para a frente

- **Um problema**

Para promover o lançamento de um novo pão de queijo, o Café Quentinho começou a vendê-lo a um preço baixo, mas depois de dois meses dobrou o preço. Com esse aumento, as vendas do pão de queijo diminuíram, e o dono do café resolveu baixar o preço em 20%.

Sabendo que o preço final de cada pão de queijo é R$ 1,92, calcule o preço inicial.

- **Para resolver um problema de trás para a frente**

EU DEVO...	PARA...
1 fazer um esquema para representar os dados do problema. preço inicial →×2→ segundo preço →desconto 20%→ R$ 1,92 Observe que o tempo, nesse problema, é um dado irrelevante.	• facilitar a análise dos dados.
2 identificar a situação final. O preço final é R$ 1,92.	• localizar o ponto de partida.
3 fazer o caminho inverso. Se, na segunda etapa, o preço do pão de queijo teve um desconto de 20%, isso significa que o preço foi multiplicado por 0,80. Então, completando o esquema com o caminho inverso, temos: preço inicial ⇄ (×2 / :2) segundo preço ⇄ (×0,80 / :0,80) R$ 1,92 1,92 : 0,80 = 2,40 2,40 : 2 = 1,20 O preço inicial é R$ 1,20.	• obter a situação inicial.
4 conferir a solução. O preço inicial era R$ 1,20. Depois de dois meses, o preço subiu para R$ 2,40. Calculando o desconto de 20%, obtemos: 2,40 − 0,20 · 2,40 = 2,40 − 0,48 = 1,92 Portanto, o preço final ficou em R$ 1,92.	• verificar se não houve algum erro nos cálculos realizados.

PROBLEMAS PARA RESOLVER

1) PROBLEMA DA *LILAVATI*

Qual é o número que multiplicado por 5, dividindo o produto por 4, acrescentando 5 unidades ao quociente, multiplicando o resultado por ele mesmo e, depois de extrair a raiz quadrada, acrescentando 9 unidades e dividindo por 3, resulta em 8?

2) OS VIAJANTES

Em uma antiga ponte vivia um gênio que oferecia aos viajantes o seguinte trato:

— Para passar pela ponte, você deve me pagar como pedágio 8 moedas de ouro. Depois, como prova de minha amizade, eu farei com que fique com o dobro do dinheiro que restou em seu bolso.

Um viajante, muito ambicioso, reuniu suas economias e resolveu passar pela ponte 4 vezes. Mas ao fazer as passagens ficou sem dinheiro. Quantas moedas ele tinha no bolso inicialmente?

PARTE 4

RECORDE

Equação fracionária com uma incógnita

Toda equação em que pelo menos um dos termos é uma fração algébrica é denominada **equação fracionária**.

Exemplo:

- $\frac{28}{x} + 4 = 18$

Equação literal do 1º grau

Uma equação do 1º grau na incógnita x que apresenta termos ou coeficientes com outras letras (parâmetros) chama--se **equação literal**.

Exemplo:

- $bx + ax = 2a$ – Equação literal na incógnita x e parâmetros a e b, com $(b + a) \neq 0$

Equações do 1º grau

Equação do 1º grau com uma incógnita x é uma igualdade escrita na forma $ax + b = 0$, com $a \neq 0$.

Equação do 1º grau com duas incógnitas

Equação do 1º grau com duas incógnitas, x e y, é uma sentença matemática do tipo $ax + by = c$, em que a, b e c são números reais e a e b são não nulos.

Exemplo:

- $x + y = \sqrt{3}$

Sistemas de duas equações do 1º grau com duas incógnitas

- **Método da substituição**: consiste em substituir uma das incógnitas de uma das equações por uma expressão obtida da outra equação que contém as mesmas incógnitas.
- **Método da adição**: consiste em adicionar membro a membro as equações para obter uma terceira equação, de modo que ela possua apenas uma das incógnitas.
- **Análise da solução por meio da representação gráfica**

$\begin{cases} x + y = 2 \\ x - y = 2 \end{cases}$ (SPD)

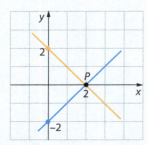

$\begin{cases} x + y = 2 \\ 2x + 2y = 4 \end{cases}$ (SPI)

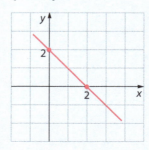

$\begin{cases} x + y = 2 \\ x + y = 4 \end{cases}$ (SI)

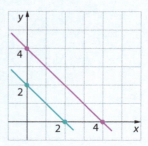

Introdução às equações do 2º grau

Exemplos:

- $x^2 = 25$
  $x_1 = -5$ e $x_2 = 5$, pois $(-5)^2 = 25$ e $5^2 = 25$
- $x^2 = 144$
  $x_1 = -12$ e $x_2 = 12$, pois $(-12)^2 = 144$ e $12^2 = 144$

Variação de grandezas

Grandezas diretamente proporcionais

Duas grandezas são diretamente proporcionais quando variam sempre na mesma razão.

Grandezas inversamente proporcionais

Duas grandezas são inversamente proporcionais quando uma varia sempre na razão inversa da outra.

Transformações geométricas

Reflexão em relação a uma reta

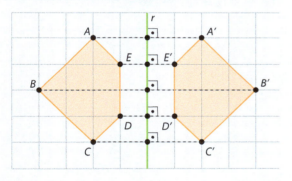

Reflexão em relação a um ponto

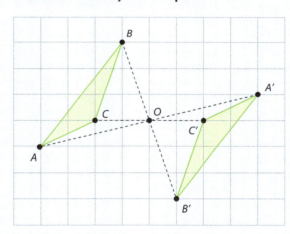

Translação

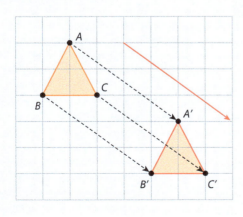

Rotação

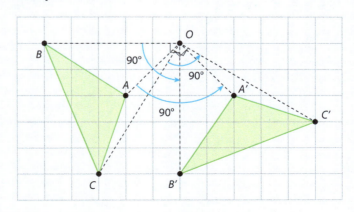

UNIDADE 10 Equações e sistemas de equações

1. Equação fracionária com uma incógnita

1. Resolva as equações.

a) $\dfrac{11}{x} - 4 = \dfrac{3}{2}$

b) $\dfrac{4}{x} = 6 + \dfrac{2}{x}$

c) $\dfrac{10}{2x + 6} = \dfrac{4}{6x - 8}$

d) $\dfrac{x + 3}{3 - x} - 1 = \dfrac{x}{3 - x}$

e) $\dfrac{1}{x + 2} + \dfrac{2}{(x + 2)(x - 2)} = \dfrac{4}{x - 2}$

f) $\dfrac{4}{x + 2} = \dfrac{5}{x + 4} + \dfrac{2}{x + 2}$

2. Dado o quadro, faça o que se pede.

Equação	Solução da equação	V ou F
$\dfrac{3x}{x-4} = 3 + \dfrac{2}{x}$	$-\dfrac{4}{5}$	
$\dfrac{2x-4}{4-2x} - 2 = \dfrac{2x}{4-2x}$	4	
$\dfrac{2x+5}{x-3} = 7 + \dfrac{5}{x}$	$\dfrac{3}{8}$	
$3 - \dfrac{4+x}{x-2} = 8$	1	
$\dfrac{10}{2x-6} - \dfrac{4}{2x+3} = 0$	$-\dfrac{9}{2}$	

a) Para cada equação do quadro, determine para quais valores de x a equação não está definida.

b) Analise cada equação e a solução indicada no quadro. Se o número for solução da equação, classifique-a em V (verdadeira); se não for, classifique-a em F (falsa).

3. Responda ao que se pede.

a) Para que valor de x a fração algébrica $\dfrac{6}{2x+7}$ é igual a -2?

b) Existe número real para x de modo que as frações $\dfrac{30}{3x-3}$ e $\dfrac{10x}{x-1}$ sejam iguais?

4. Resolva os problemas.

a) Um dia Roberto correu 15 km em x horas. Nos três dias seguintes, ele correu ao todo mais 45 km em $(x + 3,6)$ horas. Sabendo que sua velocidade média foi a mesma nos percursos realizados, determine o tempo, em hora, que Roberto levou para fazer o percurso dos 4 dias.

Dica: velocidade média $= \dfrac{\text{espaço percorrido}}{\text{tempo gasto}}$

b) Transforme o valor que você encontrou de x no item anterior para minutos.

c) Aninha, suas irmãs e mais duas amigas dividiram 63 rosas vermelhas. Cada uma delas recebeu nove rosas. Quantas irmãs Aninha tem?

5. Determine o conjunto universo das equações.

a) $\dfrac{3}{x} = -\dfrac{1}{2}$

b) $\dfrac{1}{x+2} - \dfrac{5}{x+4} = \dfrac{4}{x-2}$

c) $\dfrac{2}{3x+1} + \dfrac{4}{7-x} + \dfrac{2}{1-x} = 0$

d) $4 + \dfrac{4}{7-x} + \dfrac{2}{x+3} = \dfrac{9}{4-2x}$

e) $\dfrac{1}{x-2} = 4 - \dfrac{3}{x}$

f) $\dfrac{1}{9-3x} + 7 = \dfrac{4}{5-x}$

g) $\dfrac{11}{2x+2} = \dfrac{4}{4x+16} + \dfrac{1}{3x-12}$

h) $\dfrac{3}{x+5} - \dfrac{1}{2-x} = \dfrac{1}{6-3x}$

6. (Fuvest-SP) Duas garotas realizam um serviço de datilografia. A mais experiente consegue fazê-lo em 2 horas, a outra, em 3 horas. Se dividirmos o serviço de modo que as duas juntas possam fazê-lo no menor tempo possível, qual será esse tempo em minuto?

7. Resolva a equação abaixo.

$$\frac{5x + x}{x} = \frac{\frac{3}{x} + 12}{2}$$

2. Equação literal do 1º grau

1. Resolva as equações literais na incógnita x.

a) $x + 2a - b = 2$

b) $ax + b + 17 = 0$

c) $p(x + 2) - q(x - 2) = 0$

d) $3x + 2a - 3b = 4$

e) $3x - 2py = 6py - 3x$

f) $9(a + x) = 4(2a + x) - 2a$

g) $3m(2m + x) = 2m(6x - 3m)$

h) $\dfrac{2 + ax}{1 - ax} = \dfrac{4 - a^2x^2}{1 - a^2x^2}$

2. Dada a equação $2a^2 - 3x - 3 = a$ na incógnita x, resolva-a para:

a) $a = 1$

b) $a = 2$

c) $a = 3$

d) $a = 0$

e) $a = -1$

f) $a = -2$

3. Resolva a equação literal $\dfrac{x}{a} - b = \dfrac{x}{b} - a$, na incógnita x, sabendo que $a \neq 0$ e $b \neq 0$.

4. Sabendo que $\dfrac{p}{x - q} = \dfrac{q}{x - p}$, determine o número real x tal que $x \neq p$ e $x \neq q$.

5. Sabendo que $\dfrac{x-p}{q} = \dfrac{x-q}{p}$, determine o número real x tal que $p \neq 0$ e $q \neq 0$.

6. Escreva uma equação literal na incógnita x de modo que tenha como solução geral:

a) $a + 2$

b) $a - 3$

c) $\dfrac{a-2}{a}$, $a \neq 0$

d) $\dfrac{a}{a-2}$, $a \neq 2$

7. Determine o valor de x para que cada par de figuras abaixo tenha o mesmo perímetro.

a)

b)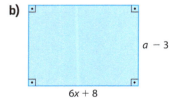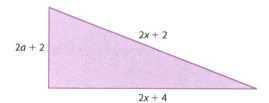

c)

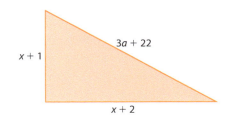

8. Considere dois retângulos quaisquer, R_1 e R_2, respectivamente com perímetros $P_1 = 2(a - 5)$ e $P_2 = b - 1$. Sabendo que $a > 5$ e $b = 2a$, determine qual dos retângulos tem o maior perímetro.

9. Resolva a equação literal em x, com $a \neq -4$.
$$\frac{x - 2}{a + 4} + \frac{x + 2}{a + 4} = \frac{a^2 - 16}{a^2 + 8a + 16}$$

10. Resolva a equação da atividade anterior, considerando-a literal em a.

3. Equação do 1º grau com duas incógnitas

1. Identifique a equação do 1º grau com duas incógnitas.
- a) $3xy = 15$
- b) $2x + y^2 = 0$
- c) $12 - y = x$
- d) $\dfrac{1}{x} + 4 = 2$
- e) $\sqrt{2} - x = 0$

2. Escreva uma equação do 1º grau com duas incógnitas para cada uma das situações.
- a) No 8º ano A estão matriculados 34 alunos. Quantos são meninas e quantos são meninos?

- b) Em uma fazenda há galinhas e porcos, num total de 56 pernas.

3. Considerando as situações da atividade anterior, classifique em verdadeira (V) ou falsa (F) cada afirmação e justifique com um exemplo.
- a) O número de meninas é, necessariamente, ímpar.
  _____
  _____

- b) Se o número de meninas é ímpar, então o número de meninos é, necessariamente, ímpar.
  _____
  _____

- c) O número de galinhas é, necessariamente, ímpar.
  _____
  _____

4. Considerando $4p - 2q = 8$, identifique o par ordenado (p, q) que é solução da equação.
- a) (1, 2)
- b) (2, 1)
- c) (3, 3)
- d) (3, 2)
- e) (3, 5)

5. Verifique se cada um dos pares (p, q) a seguir é solução da equação $14p + 2q = 58$.
   a) $(2, 8)$
   b) $(3, 8)$
   c) $(4, 1)$
   d) $(2, 5)$

6. Escreva uma equação do 1º grau com duas incógnitas de forma que o par ordenado dado seja uma de suas soluções.
   a) $(3, -7)$
   b) $(-1, 0)$

7. Dada a equação $2x - 5y = 7$, encontre a solução quando:
   a) $x = 2$
   b) $y = 3$

8. Dada a equação $x + 2y = 6$, encontre a solução quando:
   a) $x = 0$
   b) $y = -1$

9. Dada a equação $\frac{2}{3}x - \frac{1}{2}y = -2$, encontre a solução quando:
   a) $x = -1$
   b) $y = 1$

10. Dada a equação $4x + y = 2$, encontre a solução quando:
   a) $x = 1$
   b) $y = -2$

11. Dada a equação $x + 2y = 12$, encontre a solução quando:
   a) $x = -4$
   b) $y = 4$

12. Encontre dois pares ordenados que sejam solução da equação $3x - 4y = 4$.

13. Encontre dois pares ordenados que sejam solução da equação $\frac{1}{2}x + \frac{3}{5}y = 1$.

14. Observe os planos cartesianos e assinale aquele que representa a solução da equação $-x + 3y = 3$.

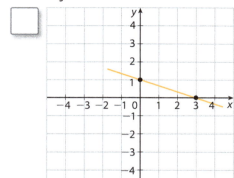 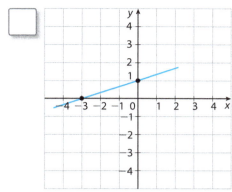

15. Represente no plano cartesiano a solução de cada equação.

a) $x + 2y = 4$

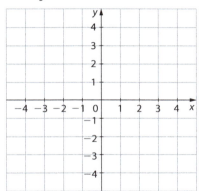

b) $x - 2y = 4$

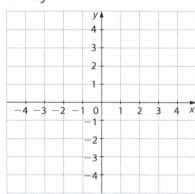

16. Qual das equações do 1º grau com duas incógnitas está representada no plano cartesiano?

a) $x + y = 3$

b) $x + \dfrac{3}{2}y = 3$

c) $\dfrac{3}{2}x + 2y = 3$

d) $3x + 2y = 6$

e) $\dfrac{3x + 4y}{2} = 6$

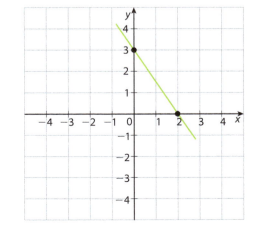

17. No campeonato de futebol de uma escola, o time do 8º ano venceu o do 7º ano por 5 a 0. Sabendo que os gols foram marcados por Daniel e Paulo, expresse essa situação por meio de uma equação de 1º grau cujas incógnitas sejam x (o número de gols de Daniel) e y (o número de gols de Paulo). Em seguida, determine todas as soluções possíveis.

18. Represente no plano cartesiano a solução que você encontrou no problema anterior.

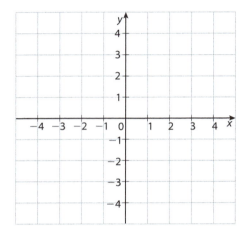

19. A reta representada no plano cartesiano abaixo é a solução gráfica da equação do 1º grau $ax + by = -2$, nas incógnitas x e y. Determine a e b.

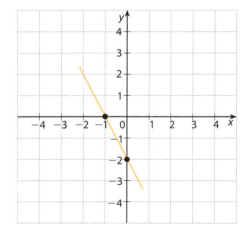

4. Sistemas de duas equações do 1º grau com duas incógnitas

1. Aplique o método da substituição para determinar a solução de cada sistema.

a) $\begin{cases} x + 3y = 6 \\ 2x + y = -3 \end{cases}$

b) $\begin{cases} 2x - 4y = 5 \\ 3x + 2y = 8 \end{cases}$

c) $\begin{cases} 4x - 2y = 8 \\ -x + y = 6 \end{cases}$

d) $\begin{cases} 2x - 3(-y + 2) = 4 \\ 2(2x - 2) + y = 6 \end{cases}$

e) $\begin{cases} 2x + y = -6 \\ 3x + 2y = -8 \end{cases}$

f) $\begin{cases} -2x + 2y = -6 \\ x - 3y = 5 \end{cases}$

2. Determine a solução de cada sistema aplicando o método da adição.

a) $\begin{cases} x + 2y = 10 \\ 4x - 2y = 5 \end{cases}$

d) $\begin{cases} x - 2y = -7 \\ 2x + 2y = 1 \end{cases}$

b) $\begin{cases} 5x - 4y = 12 \\ 2x - 4y = 6 \end{cases}$

e) $\begin{cases} 2x - y = 4 \\ 3x + 2y = 6 \end{cases}$

c) $\begin{cases} 4x + 3y = 12 \\ 2x + 3y = -6 \end{cases}$

f) $\begin{cases} \frac{2}{3}x - \frac{1}{4}y = \frac{1}{4} \\ \frac{1}{3}x + \frac{1}{8}y = \frac{1}{6} \end{cases}$

3. Rosa e Rosária resolveram o sistema a seguir de formas diferentes. Qual delas resolveu corretamente?

$$\begin{cases} -3x - 2y = 5 \\ x + 2y = -4 \end{cases}$$

Rosa resolveu assim:

$$\begin{cases} -3x - 2y = 5 \\ x + 2y = -4 \end{cases}$$
$$-2x = 1$$
$$x = \frac{1}{-2} = -\frac{1}{2}$$

Na equação II: $-\frac{1}{2} + 2y = -4$

$$\frac{-1 + 4y}{2} = \frac{-8}{2}$$
$$4y = -8 + 1$$
$$4y = -7$$
$$y = -\frac{7}{4}$$
$$\left(-\frac{1}{2}, -\frac{7}{4}\right)$$

Rosária resolveu assim:

Da equação II: $x = -4 - 2y$

Substituindo na equação I:
$$-3(-4 - 2y) - 2y = 5$$
$$12 + 6y - 2y = 5$$
$$4y = -7$$
$$y = -\frac{7}{4}$$

Na equação I: $x = -4 - 2\left(-\frac{7}{4}\right)$

$$x = \frac{-16 + 14}{4}$$
$$x = -\frac{2}{4}$$
$$\left(-\frac{2}{4}, -\frac{7}{4}\right)$$

4. Usando x e y como incógnitas, escreva um sistema de duas equações que represente as situações abaixo.

a) A soma de dois números é 45, e a diferença é 10.

b) Uma bola custa o dobro de um par de tênis, e os dois juntos custam 120 reais.

c) O perímetro de um retângulo é 48 cm, e a medida de seu comprimento é igual ao triplo da medida de sua largura.

d) Em uma fazenda, há galinhas e vacas num total de 36 cabeças e 102 pés.

e) A diferença entre a idade de João e a de José é 7 anos, e a idade do mais novo corresponde a $\frac{3}{4}$ da idade do mais velho.

5. A soma de dois números é 320, e a diferença entre eles é 60. Determine esses números.

6. Uma corda de 405 cm foi dividida em duas partes de tal forma que a parte menor mediu a terça parte da maior, mais 25 cm. Determine a medida de cada parte dessa corda.

7. Fernando comprou um computador, mas teve de pagar juros de 20% sobre o preço à vista. Sabendo que ele pagou, no total, R$ 1.800,00 reais, determine o preço à vista desse computador.

8. (FCC) Somando-se os $\frac{2}{3}$ de um número x com os $\frac{3}{5}$ do número y, obtém-se 84. Se o número x é metade do número y, então qual é a diferença $y - x$?

9. (Vunesp-SP) Um clube promoveu um *show* de música popular brasileira ao qual compareceram 200 pessoas entre sócios e não sócios. No total, o valor arrecadado foi de R$ 1.400,00 e todas as pessoas pagaram ingresso. Sabendo-se que o preço do ingresso foi de R$ 10,00 e que cada sócio pagou metade desse valor, qual foi o número de sócios presentes ao *show*?

10. (Fatec-SP) Uma loja vendeu 112 pneus para 37 veículos entre "Fuscas" e motos. Somente dois "Fuscas" trocaram também o pneu de estepe. Quantas motos trocaram pneus?

11. (FGV-SP) Em uma prova de 20 questões, o candidato recebe 4 pontos por cada resposta certa e perde 1 ponto por cada questão não respondida corretamente. André obteve 20 pontos. Qual seria a nota de André, se cada resposta certa valesse 6 pontos e cada resposta errada fizesse com que ele perdesse 2 pontos?

12. Classifique cada um dos sistemas em SPD, SPI ou SI.

a) $\begin{cases} x - y = 4 \\ x - y = 0 \end{cases}$

d) $\begin{cases} x + y = 12 \\ x - y = 6 \end{cases}$

b) $\begin{cases} x - y = 2 \\ x + 2y = 8 \end{cases}$

e) $\begin{cases} 4x - 4y = 0 \\ 4x - 4y = 12 \end{cases}$

c) $\begin{cases} 4x + 6y = 2 \\ 16x + 24y = 8 \end{cases}$

f) $\begin{cases} 2x - 4y = 2 \\ x - 2y = 1 \end{cases}$

13. Leia as frases sobre a representação gráfica da solução de um sistema do 1º grau com duas incógnitas e indique a correta.
  a) O sistema cuja representação gráfica são retas concorrentes é chamado de sistema possível indeterminado.
  b) O sistema cuja representação gráfica são retas coincidentes é chamado de sistema possível determinado.
  c) O sistema cuja representação gráfica são retas paralelas é chamado de sistema possível indeterminado.
  d) O sistema cuja representação gráfica são retas paralelas é chamado de sistema impossível.
  e) O sistema cuja representação gráfica são retas concorrentes é chamado de sistema impossível.

14. Identifique o sistema possível determinado.

a) $\begin{cases} x + y = 3 \\ x + y = 0 \end{cases}$

b) $\begin{cases} -x + y = 2 \\ -2x - 2y = 4 \end{cases}$

c) $\begin{cases} 3x - 6y = 3 \\ x - 2y = 1 \end{cases}$

d) $\begin{cases} -x + y = 3 \\ x - y = 9 \end{cases}$

15. Verifique graficamente se o sistema $\begin{cases} x + y = 2 \\ x + y = 0 \end{cases}$ tem solução.

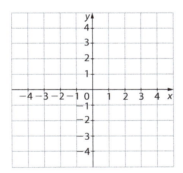

16. Verifique graficamente se o sistema $\begin{cases} x + 2y = 2 \\ 3x + y = 6 \end{cases}$ tem solução.

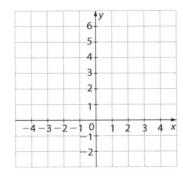

17. Verifique graficamente se o sistema $\begin{cases} 2x + 4y = 8 \\ x + y = 4 \end{cases}$ tem solução.

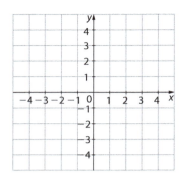

18. Verifique graficamente se o sistema $\begin{cases} 2x - y = 3 \\ -4x + 2y = -6 \end{cases}$ tem solução.

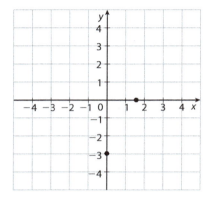

19. Identifique o sistema de equações cuja solução está representada abaixo.

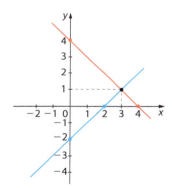

a) $\begin{cases} 2x + y = 2 \\ x - y = 5 \end{cases}$

b) $\begin{cases} x + y = 7 \\ x - 2y = 3 \end{cases}$

c) $\begin{cases} x - y = 2 \\ x + y = 4 \end{cases}$

d) $\begin{cases} 2x - 2y = 0 \\ x - 3y = 1 \end{cases}$

e) $\begin{cases} 4x + 2y = 2 \\ x + y = -3 \end{cases}$

5. Introdução às equações do 2º grau

1. Determine as raízes de cada equação, considerando que x pode ser qualquer número real.

a) $x^2 = 625$ _____

b) $x^2 = 100$ _____

c) $3x^2 = 243$ _____

d) $2x^2 = 288$ _____

2. Uma janela é formada por tijolos de vidro e a área total coberta por esses tijolos é de 1,96 m², conforme ilustrado a seguir.

Como todos os tijolos são iguais e têm a face quadrada de lado de medida x metros, responda:

a) Qual é o valor de x?

b) Existe mais de uma resposta possível?

3. Marisa recortou um tecido quadrado para fazer uma toalha cuja área é de 10.000 cm². Qual é a medida do lado desse tecido?

4. Elabore um problema cuja solução possa ser encontrada resolvendo a seguinte equação:
$x^2 = 1.024$

UNIDADE 11 PROPORCIONALIDADE ENTRE GRANDEZAS

1. Grandezas diretamente e inversamente proporcionais

1. Identifique em cada item se as grandezas são diretamente proporcionais ou inversamente proporcionais.
   a) A medida de comprimento do lado e o perímetro de um quadrado.

   b) A velocidade média de um carro e o tempo gasto para percorrer determinada distância.

   c) O tempo que uma máquina fica em funcionamento e sua produção, em unidades.

2. Sabendo que os números 12, x e 30 são diretamente proporcionais aos números 4, 5 e y, nessa ordem, encontre os valores de x e y.

3. Determine se as sequências de cada item são diretamente proporcionais, inversamente proporcionais ou nenhuma das duas.
   a) (4, 8, 14, 26) e (2, 4, 7, 13)

   b) (15, 18, 9, 45) e (6, 5, 10, 2)

   c) (3, 9, 18, 20) e (3, 5, 12, 28)

4. Nos quadros a seguir, existe uma relação proporcional entre as duas grandezas. Escreva o tipo de proporcionalidade (direta ou indireta) e complete com os números que faltam.

Massa (g)	Preço a pagar (R$)
500	58,00
100	11,60
	17,40
600	
200	23,20

Nº de máquinas em funcionamento (unidades)	Tempo para imprimir 1.000 exemplares (min)
3	30
6	15
	90
2	45
20	

2. Situações em que não há proporcionalidade

- Dê exemplos de situações que envolvem grandezas não proporcionais. Utilize um quadro com dados numéricos para justificar sua resposta.
  (Sugestão: procure tabelas com dados numéricos em jornais, *sites* ou revistas.)

3. Representação no plano cartesiano da relação entre grandezas

1. Associe cada representação gráfica à relação existente entre as grandezas *x* e *y*. Use a seguinte legenda:
NP: não proporcionais
DP: diretamente proporcionais
IP: inversamente proporcionais

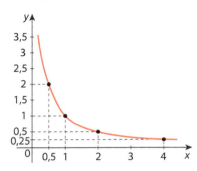

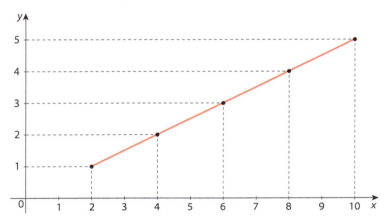

2. Nos itens a seguir, identifique se as grandezas *x* e *y* são diretamente proporcionais ou inversamente proporcionais. Em seguida, construa uma representação gráfica para cada caso.

a)
x	y
5	2
10	4
15	6
25	10
60	24

b)
x	y
1	2
2	1
4	0,5
5	0,4
10	0,2

UNIDADE 12 Transformações geométricas

1. Reflexão em relação a uma reta

1. Reflita o polígono MNOPQR em relação à reta r e, em seguida, em relação à reta s.

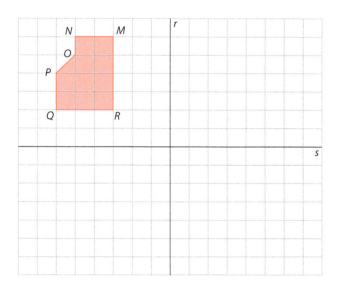

2. Na figura abaixo, o triângulo A'B'C' foi obtido através de uma reflexão do triângulo ABC em relação à uma reta r. O triângulo A"B"C" foi obtido através de uma reflexão do triângulo A'B'C' em relação a uma reta s. Na malha quadriculada, represente as retas r e s e desenhe o triângulo DEF como uma reflexão do triângulo A"B"C" em relação à reta r, e em seguida, complete a frase.

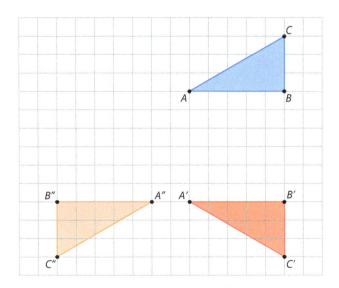

- O triângulo DEF é uma _____ do triângulo ABC em relação à reta _____.

2. Reflexão em relação a um ponto

1. Observe na malha quadriculada abaixo o segmento $\overline{MN}$ e os pontos X e Y.

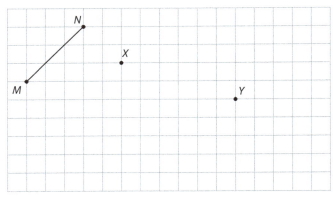

- Agora, construa o segmento:
   a) $\overline{M'N'}$, simétrico ao segmento $\overline{MN}$ em relação ao ponto X;
   b) $\overline{M''N''}$ simétrico de $\overline{M'N'}$ em relação ao ponto Y.

2. Na malha quadriculada a seguir, o quadrado A'B'C'D' é o simétrico de ABCD em relação a um ponto X e o quadrado A''B''C''D'' é o simétrico de A'B'C'D' em relação a um ponto Y. Represente os pontos X e Y.

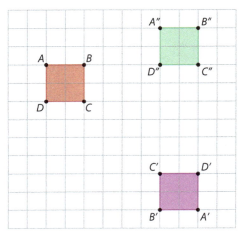

3. Translação

1. Considerando que o quadrilátero ABCD foi transladado gerando o quadrilátero A'B'C'D', represente, em cada caso, o vetor que indica a translação.

a)
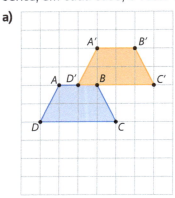

b)
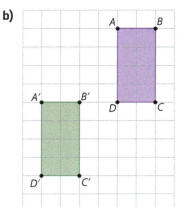

2. Observe a figura e os vetores na malha quadriculada a seguir. Translade a figura primeiro na direção e sentido indicados pelo vetor azul. Em seguida, considerando essa nova posição, translade-a na direção e sentido indicados pelo vetor verde.

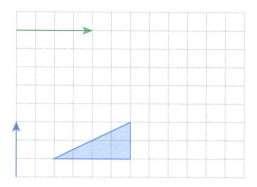

4. Rotação

1. Considerando que a figura ABCD sofreu uma rotação em torno do ponto A e gerou a figura A' B' C' D', qual foi o ângulo e o sentido dessa rotação?

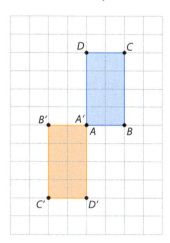

2. Observe o triângulo ABC e os pontos P e Q. Gire o triângulo, primeiro, em torno de ponto P de 180°, no sentido horário e, em seguida, em torno do ponto Q de 90°, no sentido horário.

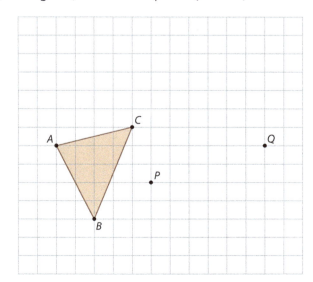

PROGRAMA DE RESOLUÇÃO DE PROBLEMAS — PARTE 4

ESTRATÉGIA PARA CONHECER

Resolver um problema consultando um problema similar

- **Um problema**

    Calcule:
    $123.450^2 - 123.460 \cdot 123.440$

- **Para resolver um problema consultando um problema similar**

EU DEVO...	PARA...
1 analisar os dados. Foi dada uma expressão numérica com as operações potenciação, subtração e multiplicação.	• identificar uma primeira estratégia de resolução do problema.
2 verificar que estratégia adotar para resolver o problema. Aparentemente, a forma de resolução desse problema é efetuar cada operação na ordem de uma expressão numérica. Contudo, algumas pistas indicam que o problema pode ser resolvido de uma forma mais simples e criativa. Veja as pistas: • são números grandes (se fôssemos fazer os cálculos, seria muito trabalhoso); • os números (123.450, 123.460 e 123.440) diferenciam-se apenas na casa das dezenas.	• identificar se há outra estratégia de resolução e se, para encontrá-la, é possível comparar o problema proposto com um problema similar.
3 identificar que problema é similar ao problema proposto. Para encontrar um problema similar, é preciso conhecer um repertório de problemas. O problema proposto refere-se ao campo dos números (expressão numérica), mas ele também pode ser um problema que envolve outros conhecimentos. Lembre-se de que, na Álgebra, há os produtos notáveis: • quadrado da soma: $(a + b)^2 = a^2 + 2ab + b^2$ • quadrado da diferença: $(a - b)^2 = a^2 - 2ab + b^2$ • produto da soma pela diferença: $(a + b) \cdot (a - b) = a^2 - b^2$ Comparando a expressão dada com o produto da soma pela diferença e escrevendo a parcela $123.460 \cdot 123.440$ na forma de um número elevado ao quadrado, podemos usar esse produto notável (produto da soma pela diferença).	• encontrar pistas de como iniciar a resolução.
4 desenvolver a resolução. $123.450^2 - 123.460 \cdot 123.440$ Podemos substituir 123.460 por $123.450 + 10$ e 123.440 por $123.450 - 10$. $123.450^2 - [(123.450 + 10) \cdot (123.450 - 10)] =$ $= 123.450^2 - [123.450^2 - 10^2] =$ $= 123.450^2 - 123.450^2 + 10^2 = 100$	• encontrar a solução.

PROBLEMAS PARA RESOLVER

1) O CÁLCULO

Efetue: $2.378.976^2 - (2.378.975 \cdot 2.378.977)$

2) O PROBLEMA DO MARCENEIRO

Juntando os pedaços de madeira ilustrados abaixo, um marceneiro conseguirá fazer o tampo de uma mesa quadrada? Qual será a área desse tampo?

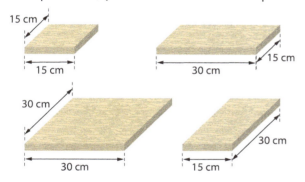

3) ÁREA DO RETÂNGULO

Um retângulo foi dividido em quatro retângulos menores. A área de cada retângulo está indicada na figura.

Sabendo que o retângulo verde é o único quadrado, calcule a área A.

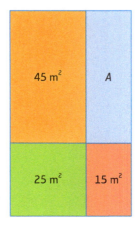

4 A ÁREA

Determine, sem usar calculadora, a área roxa da figura, sabendo que $a = 0{,}8667899776$ e $b = 0{,}1332100224$.

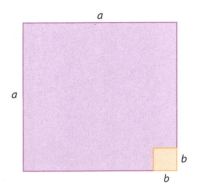

5 A AMPLIAÇÃO DA PISCINA

A piscina de um clube será ampliada. Ela tem formato quadrado e, bem próximo de cada um de seus vértices, foi plantado um coqueiro. Como duplicar a área da piscina mantendo o formato quadrado e conservando os coqueiros no lugar original?

6 MAIS OU MENOS

Efetuando apenas uma adição, uma subtração e uma multiplicação, calcule:
$5.555^2 - 3.333^2$